論破王ひろゆきの
がんばらないコミュ術

ひろゆき（西村博之）

宝島
SUGOI
文庫

宝島社

はじめに

ちょっと前から「コミュ障」とか「コミュ力」といった言葉が使われるようになってきました。本屋さんには伝え方のノウハウをまとめた書籍がところ狭しと並び、テレビではディベート対決、みたいな番組も放送されています。

SNSなどでも「陰キャだから友達ができない」だとか「会社でぼっち」だとか、自虐も交えた言葉をよく目にします。

コミュニケーションに苦手意識がある人、もっとコミュ力が欲しいなあと考えている人が多いということなのだと思います。

コミュニケーションというのは、もちろん生きていくうえで必要です。

でも、最近はコミュ力というものが、異常なまでに偏重《へんちょう》されている気がしてならないのですね。

そもそも、コミュニケーションの意味を勘違いしている人は少なくありません。「コミュ力が高い」というと、すごく優秀な営業マンや、人気の芸人さんのように、話術に長けている人を想像しがちです。つまり、口がうまいこと＝コミュ力が高いことだと考えてしまう風潮があるような気もするのです。

そんな空気感があるからか、口がうまいひろゆきはコミュ力が高い、と思っている人も多いようです。

でも、筋道を立てて話をしているだけで、僕自身はむしろコミュ障の部類。実は「はい、論破！」みたいなことを言ったりやったりしたことは一度もありません。

本来、コミュニケーションとは、他人と良好な関係を築くためのものだと思うのですね。

だから、僕は取引先と仲良くして仕事をもらうタイプですし、部下を本気で怒ることもない。仕事以外でも、自分がどんなに正しい主張をしていようと、相手を追い詰めて顔をつぶしたり、恥をかかせたりするのは、頭のいい行為ではないと思うのでありません。

コミュニケーションは相手ありきの営みであって、自分ひとりだけで完結するものではないのです。誰かに「これをしてほしい」という思惑がある場合、こちらの都合ばかり伝えたところで、相手は動いてくれませんよね。

じゃあ、僕はどんなことをしているのか？

たぶん、誰にでもできるようなことをしているにすぎません。

だから、自分はコミュ障だと思っている人、ひろゆきにはコミュ力があると思っている人は、本書をパラパラと眺めてみると、もしかしたらいいことがあるかもしれませんよ……。

ひろゆき

論破王ひろゆきのがんばらないコミュ術　目次

第0章

コミュ障でもなんとかなる！

第1章

会話の「型」を知る

第2章 がんばらない勇気

第3章 人とうまくつきあう

第4章 的確に伝える

第5章 人を動かす

第0章

コミュ障でもなんとかなる!

コミュ障は治らない

「もしかしたら、自分はコミュ障なんじゃないか?」

そんなふうに悩んでいる人というのは、意外と少なくありません。

そもそも「コミュ障」というのは「コミュニケーション障害」の略語。若干、自嘲《じちょう》気味に使われることの多いネット発のスラングです。

実際に、障害というほどの困難を抱えているケースは少ないかもしれませんけど、人知れずコミュニケーションに不安を感じている人は、一定数いるようです。

お金がないだとか、体の調子が悪いだとか、ぜんぜん勉強ができないというような、もっと物理的な悩みもありますが、社会生活を送るうえでの普遍的な悩みには、人間関係にまつわるものが圧倒的に多いのですね。

僕はユーチューブで、ダラダラお酒を飲みながらいろいろな質問を受けてひたすらそれに答えまくる、みたいな生配信をやっていますが、悩み相談もたくさんきます。「人間関係がうまくいかない」「コミュ障をなんとかしたい」と苦しんでいる人も多い。

そうやって質問を受けていて感じるのは、**コミュ障で悩んでいる人は、こじらせている人が多いということです**。こじらせているというのは、劣等感が強かったり、ひねくれていたりと、何やら面倒な感じに陥ってしまっている状態ですね。

こじらせたことでコミュ障になるのか、もともとコミュ障だからこじらせてしまうのか、どっちが先かは僕にもわかりません。いずれにしても、こじらせている人のコミュ障率は高い印象です。

コミュ障をなんとか克服しようとして、余計に「こじらせ」が悪化してしまう人も多い気がするのですが、**程度にもよりますけど、実はコミュ障は治りません。**

人の性格は変わらない

大人になってから性格を変えるのは、相当難しいことです。

100パーセント不可能というわけではないですけど、「性格は変えられる」と信じている人であっても、その9割以上は変えることができないのではないかと思います。

そもそも性格というのはもって生まれた性質という部分が大きくて、**生まれた段階でほぼ決まっているらしいのですね。**

好奇心が旺盛《おうせい》な性格に生まれた人は、大人になってもやっぱり好奇心旺盛です。誰かに言われなくても、自分から知りたいことをどんどん見つけていき、どんどん調べて知識を増やしていきます。

それがプラスに受けとめられることもあれば、「こいつは組織のルールから逸脱しているな」なんて思われて厄介者《やっかいもの》扱いされる場合もあります。そのあたりの評価は、本人が属している組織次第だったりします。

危険も顧《かえり》みない猪突猛進《ちょとつもうしん》なタイプの人は幼少期から、たとえ危ないこと、大人に怒られるようなことでも、ぜんぜん気にせず平気でやってしまう行動パターンをもっていたりします。

一方で、子供のころから引っ込み思案だった人というのは、周囲がどう声がけしようが、表に引っ張り出そうとしようが、基本的には引っ込み思案なまま大人になります。

行動だったら変えられる

とはいえ、年齢を重ねるにつれて、ある程度は自分の行動をコントロールすることができるようになってきます。

つまり、性格を変えるのは難易度が相当に高いことなのですが、**行動パターンを変えるのはそれほど難しいことではない、ということですね。**

僕自身のことで言うと、すぐに遅刻をしたり締め切りを守らなかったりで、他人から「こいつ、ちょっと失礼なやつだな」と思われるような生き方をしている気がしますし、実際にそう感じている人も多いと思います。

でも、礼儀正しくしなければならない状況になれば、それは問題なく実行できる。敬語を使い、礼儀正しくふるまえばいいだけのことですし。

ただ、「できるけどやっていない」のですね。

僕がよくする遅刻も、たとえばものすごい大金を積まれて、「遅刻厳禁でこの場所に来てください」と言われたら普通に時間どおり行きますし、そういうメリットがなくても「絶対に遅刻したらまずい」というデメリットがあったりすれば、間に合うように行きます。

つまり、もって生まれた性格が抱えている困難を克服することと、その性格が周囲にバレないように自分でコントロールするということは、まったく別の話なのですね。

そして、後者はそれほど難しいことではない、ということは皆さんにもなんとなく理解してもらえると思います。

というわけで、「性格を変えよう」「苦手を克服しよう」などとがんばりすぎてこじらせるのでなく、**性格はそのままでいいから、それを周囲に気づかれないように行動を変えればいい**。

行動パターンをコントロールするという、後天的なスキルを習得すればいいのです。

ひろゆきもコミュ障？

ちなみに、僕自身も「ある種のコミュ障なんじゃないか？」という自覚があります。

テレビとかラジオとかネット配信とか、かなりあちこちに出まくって饒舌《じょうぜつ》に喋ってはいますが、自分のところにきたオファーをなるべく断らないようにしているだけで、自分から進んで人前に出ようとはしていないですし、人前で喋るのも好きではないのです。本音を言えば、できれば裏方にいて、プログラミングのコードとかを書いていたい人なんですね。

電話で話をするのも苦手です。というか、**そもそも人に話しかけたり話しかけられ**

たりするのが好きじゃないのです。つまり、人間がそんなに好きなタイプではないので、日本にいてもパリにいても基本的には家に引きこもっています。

好きじゃないけど、やれと言われたらやる。そんなスタンスをとると決めているだけなのです。

「ひろゆきは、喋るのが好きだから、いろいろなメディアに露出しているんだろう」とよく勘違いされますけれど、引きこもりでコミュ障気味の僕にとって、人前に出て喋る仕事は、好きか嫌いかで言えば、好きな部類ではなく、**あくまで仕事だからこなしているという感じなのですね**。

「嫌なら断ればいい」とも言われますけど、こんな不景気の時代に仕事をもらえるだけでもありがたいと思っているので、断らないようにしているだけ。**そもそも仕事というのは、楽しくもないことを我慢してやって、その代わりにお金をもらうことだと思っているのです**。

自分の行動パターンを知る

ただ、オファーがあっても断ることもあります。それは、講演会の依頼。

とくに、ひとりで語るようなものは断るようにしています。

というのも、誰かと会話のキャッチボールをするわけでもなく、**ひとりでずっと喋り続けることが、僕にはできないからです。**

講演会に呼ばれて、北海道の保健の先生たちの前で話をしたこともありましたけど、そのときも司会というかモデレータの方から振られた質問に答えていただけでした。

そもそも、**僕は「聞かれたことに答える」というのはできるのですが、伝えたいことも言いたいことも、とくにないのです。**

これはユーチューブの生配信でも同じで、いろいろな質問がきて次々に反応を返す、ということを淡々とやっているだけです。

しかも、カメラを自分の正面に置かないようにするとか、できるだけ遠くに置くとか、レンズとできるだけ目を合わせないようにするとか、できるだけストレスになる要素を減らす工夫をしていたりするわけです。

自分の行動パターンを把握してコントロールすることで、ストレスを減らしたりコミュ障っぽく見せないようにする。そうやって工夫をすることが、仕事をするうえでは必要な場合もあります。

だから、コミュ障であるのなら、自分はコミュ障だと割り切って、違う方法を考えて実行する。**それができれば、コミュ障でもぜんぜん問題ないわけです。**

コミュ障でもやっていける

先ほども書きましたが、コミュ障はまず治りません。

それなのに、巷《ちまた》では「コミュ力が9割！」みたいなことが言われているものだから、多くの人がコミュ障を治そうとしがちです。

でも、そもそも治ることのないコミュ障をなんとかしようとしたら、こじらせるだけです。

めちゃくちゃ足の遅い人が、オリンピックの短距離走に出場しようとしても無理ですよね。

必死になって練習をしたところで、ある程度は足が速くなるかもしれないですけど、オリンピックには出場できない。それでも諦めきれずに、ストレスをためながらもオリンピック出場の夢を追いかけ続けている人を見たら、「こじらせているなぁ」と思ってしまいますよね。

それから、僕の知り合いに「ひげおやじさん」という、恰幅《かっぷく》がよく存在感がある見た目の人がいるのですが、彼はもともと骨格がしっかりとしたタイプ。

そんなひげおやじさんが「華奢《きゃしゃ》になりたい」と考えても無理な話ですよね。骨を削れば、多少は近づくことはできるかもしれないけど、そこまでするのには相当なストレスがかかるはずです。

無駄な努力はやめよう

それと同じように、コミュ障の人が「コミュ力の高い人になろう」とがんばっても、それはほぼ無理な話なので、ストレスにしかなりません。

ちなみに、ひげおやじさんは「細身のイケメンになろう」などという無駄な努力はせずに、それなりの収入を得ながら、結婚もして、社会的にも認知されて楽しそうに暮らしています。自分の性質を知って、それを受け入れているからストレスが少ないです。

コミュ障の人も、自分が手に入れることのできない能力を求めようとするのではなく、**まずは自分がどういう性質なのかをよく見極めたうえで、自分にとって無理のないところに居場所を見つけたほうがいい。**

なので、コミュ障の人が、「自分の人見知りな性格を変えたい！」なんて一念発起して営業職や接客業をがんばる、とかいうのはおすすめしません。ストレスがたまって、体を壊したりうつになったりします。

仕事の選択肢なんてほかにいくらでもあるのですから、できるだけ自分の性質に合った職種を見つけたほうがパフォーマンスも高くなります。

別にコミュ障だからといって、生活できないわけでも仕事に就けないわけでもありません。

普通に生きていけるので、コミュ障であることにストレスを感じるのは無駄でしかありません。

究極のコミュ障だった偉い人

コミュ障である自分に絶望し、「こんな自分に、果たして生きる価値はあるんだろうか……」などと究極的にこじらせてしまう人がいます。

当たり前の話ですが、**コミュ障の人にも生きる価値はあります。**

コミュ力だけが、この世の価値基準ではありません。むしろ、その程度のスキルはどうでもいいことのほうが多いです。

世界的に著名な物理学者であるスティーブン・ホーキング博士という人がいました。彼は大学院生のときにＡＬＳ（筋萎縮性側索硬化症）を発症し、肉声で話す能力を失いました。

つまり、身体的なハンディキャップによって、物理的な意味での「コミュニケーションに困難がある人」になりました。

でも、僕らはホーキング博士のおかげで、「ブラックホールはものすごい重力で物や光を吸い込みながら成長を続けると考えられていたけど、実はエネルギーを放出しながら縮んでいるらしいよ」というブラックホール蒸発理論や、「宇宙の時間や空間には境界やはじっこが存在しません」と提唱する無境界仮説のような壮大な理論に触れることができたわけです。

そういった意味では、**その辺にいるコミュ力が高いだけの人たちよりも、よほど人類に貢献していますよね。**

ホーキング博士の例はあまりに壮大すぎるかもしれませんが、僕が言いたいのは、コミュ力の有無は、その人の本質的な存在意義とは、なんの関係もないということ。**コミュ障なんかをこじらせるのは、もったいないです。**

日本人のコミュ力はかなり独特

そもそも、**日本で評価される「コミュ力」は、いわゆる世界で評価される「優秀さ」とはかなりズレていると感じます。**

日本におけるコミュ力は、「その場の空気を読んでうまく相手と話を合わせられること」「うまく同調できること」が評価されるケースが多いような気がしています。

雑な言い方をすれば、空気を読んで話せるスキル、みたいな感じです。

たとえば、失言によって辞任に追い込まれましたが、東京五輪・パラリンピック組織委員会の会長だった森喜朗《よしろう》さん。

彼が適任だとされた理由として、国際オリンピック（IOC）会長のバッハさんやロシアのプーチン大統領などにコネクションがあって、いろいろなところに顔が利きそうだから「森さんに任せておけば安心だ」みたいな文脈で語られていたところもあったと思うのです。

これ、要は「人脈がある＝優秀」だ、という意味だと思うのですが、日本という国ではこういう推《お》し方をすることがすごく多いです。

こういうコミュ力のとらえ方というのは日本独特のもので、世界レベルで求められる優秀さとは真逆なんじゃないかと思います。

たとえば、２０１７年にフランスの大統領選挙で当選したマクロンさんは、政治の経験がほとんどないなかで、いきなり国のトップに立ちました。別に、海外の政治家との人脈が評価されたわけではありません。

外交の基本としては、相手国に対して「あなたたちがこの条件を受け入れてくれたら、うちはこれを提供するよ」と交渉し、お互いのメリットを追求して落としどころを見つけられればいいのであって、**交渉相手と仲が良いとか悪いとかいったことは、超絶どうでもいい話なのですね。**

日本の岸田文雄首相にしても、たとえば今の長引くウクライナ侵攻において、アメリカと足並みを揃えるだけでなく、中国との関係もにらみつつ、ユーラシア大陸の東端にある国としてロシアにどう対峙《たいじ》していくのか、といった手腕が問われているわけですが、もちろんこれは難しい舵取りだとは思うものの、そこで相手とお友達かどうかというのは別に重要なことではなく、お互いの交渉の材料をどう提供するか、その材料はなんなのか、どのタイミングでやるのかという諸条件を設定して交渉に臨むことが重要なのですね。

コネクションがあるかないかなんて、本質でもなんでもないですよね。

クソ野郎も相手にするのがビジネスの鉄則

ビジネスの場においても、「相手と仲良しかどうか」なんてどうでもいい話です。

どんなクソ野郎が相手でも、いい取引ができるのであれば契約するし、どんなに仲が良い相手でも、その契約には関わるべきでないというような局面はいくらでもあります。

仕事ができる人というのは、そういう分別がしっかりしています。

たとえば、堀江貴文さん。

ちょうど1年半くらい前に、堀江さんと僕の仲がちょっとこじれた感じになったと騒がれたことがありましたが、堀江さんとも僕とも仕事をしている人がいて、堀江さんのところに「あいつはひろゆきと仕事をしている！　つきあうべきではない」と言ってくる人がいたらしいのですね。

でも、堀江さんは「別に面倒な話をしてくるわけでもないし、仕事をしてくれているのだから関係ない」と答えたそうです。**堀江さんは、「誰が誰と仲良しか」なんてどうでもよくて、「仕事において何をしてくれるのか」をしっかり見ているのです。**

人だけでなく、企業の場合もそうです。

たとえば100円ショップのダイソー。

ダイソーに商品を卸している中国企業はたくさんありますが、別にダイソー社員と中国企業の仲が良いとかいうことではなくて、安くて質のいい商品を納品してくれるから、ダイソーは中国企業と契約しているというだけの話ですよね。

ところが、日本では友達が多いかどうか、まわりの空気を読んでいかに足並みを揃えられるかといった、およそ本質とは関係のないところで「デキる人」認定されがちなのですね。

そんな日本の社会で「コミュ力のない人」認定されたとしても、気にする必要はまったくないです。

コミュ力は手段にすぎない

それでもコミュ力が欲しいと考えている人はいます。

でも、「そもそも、どうして自分はコミュ力を必要としているのか？」という原点に立ち返ると、「コミュ障でも別に問題ないじゃん」という現実が見えてくるので、おすすめです。

「自分のコミュ力を上げたい」という場合、いちばん重要なのは「コミュ力を上げた結果、何がしたいのか？」という目的の部分のはずです。

コミュ力はそのゴールに到達するための手段にすぎないのに、目的と手段がごっちゃになっている人は意外と多いのです。

どうして友達が欲しいのか？

似たような文脈でありがちなのが、「友達がなかなかできない」という悩み。

こういう人は、**「自分はなんのために友達を必要としているのか？」ということから考えてみたほうがいいと思います。**

たとえば、「ペアで乗るカヌーをやりたいから相手が必要だ」というのであれば、単純にカヌー仲間が必要ですよね。「じゃあ、その目的を果たすためにカヌーサークルに入ろう」という行動を起こせばいい。

あるいは、「お酒を飲みに行くのが大好きだから、飲み友達が欲しい」というのであれば、誰かを誘って飲みに出かけ、それからだんだん仲良くなればいいわけです。「自分はどうして友達が欲しいのか？」ということを突き詰めて考えれば、その目的に沿った行動をとればいいだけなので、自然と友達ができると思います。

一方で、**「友達がいないから、友達が欲しい」と漠然と思っているだけの状態というのは、誰かと何かをしたいという目的がはっきりしていないので、たとえ友達ができたとしても、相手に連絡をとる必然性も生まれないわけです。**

だから、それほど仲良くならないし、おのずと疎遠《そえん》になりがちなのですね。「友達をつくる」ということ自体が目的化してしまっている状態です。

「モンハンやりたいなあ」というようなどうでもいいことでも、自分はこれがやりたい、という気持ちさえあれば、それを口に出しただけで「じゃあ、いつやる？」「今度の週末は？」というような感じで、ゆるい予定が立ったりするものです。

大したコミュ力なんて必要ないということがわかりますよね。

職場で孤立したって無問題

仕事の人間関係に悩む人も多いみたいですが、たとえ孤立していたとしても無問題です。

会社というのは、売り上げを出すために集まり、それで儲かったお金を給料としてみんなで分けあう場所なのであって、**友達をつくるために集まっているわけではない。**だから、別に仲良くならなくてもいい。

「仲良くなったほうが仕事をやりやすいよね」「和気藹々《わきあいあい》とした職場が好き」という人もたくさんいると思いますが、そうしたい人はそうすればいいだけです。

一方で、人の輪に入らずに孤立していたとしても、**自分の仕事がちゃんとできているのならば、みんなと一緒にワイワイやる必要なんてありませんよね。**

経営者側にしてみれば、人間関係が円滑で業績も伸ばしてくれる人がいるに越したことはないのでしょうけど、社員同士で仲が良くて業績を出さない人が多いよりも、社員同士が疎遠であっても業績を伸ばしてくれる人が多いほうが嬉しいわけですから。

コミュ障に不向きの仕事もある

もっとも、ある程度の成果を上げるために、それなりのコミュ力が求められる仕事もあります。

先ほども少し触れましたが、コミュ障の人は、職種や業種は自分に合うものを選んだほうが、しなくていい苦労をしてストレスをためずに済みます。

自分に向いていない仕事に適応しようとして無理を重ねると、心や体にダメージを負いやすいです。ほとんど人と関わらなくてもできる仕事、たとえばエンジニアなどで経験を積んでいけば、コミュ力なんかなくても存在感を発揮して稼げます。

対人恐怖症だとか、ASD（自閉スペクトラム症、アスペルガー症候群）などのいわゆる発達障害が原因でコミュニケーションが難しいという人は、たとえば、数字を扱う仕事などもいいと思います。事務職や経理は、たくさんの人と会う機会が少ない仕事ですし、リモートでも回しやすいです。

ＩＱが高めの人であれば、経理の資格をとっておくのもいいと思います。近年のＡＩの台頭で少し変わりつつありますが、まともに数字を扱える人だったら、一度就職して実務を経験していれば、その先も食いっぱぐれることはほぼありません。

税理士とか弁理士の資格をとっておくのもいいと思います。

学生さんで、学校に通うのが苦痛で仕方がないという人には、通信制高校という選択肢もあります。

コロナで無駄なやりとりが減った

新型コロナの大流行によって、**コミュニケーションのオンライン化が一気に進み、仕事上のやりとりにも無駄がなくなりつつあると思います。**

以前であれば、わざわざ相手に会って伝えていたようなことも、Slack《スラック》のようなオンラインツールで進捗《しんちょく》やデータファイルなどを共有できますし、チャットでの打ち合わせなどもすでに一般的になってきています。

ＩＴ系の企業だけでなく、一般企業においてもオンラインでのやりとりが当たり前になりました。リアルな会話をしなくても仕事を進められるプラットフォームが豊富にあるので、**大したコミュ力がなくてもストレスなくコミュニケーションがとれる時代になってきているのですね。**

なので、コミュ障だという自覚がある人も、そんなに気にしなくていいのです。

自分は何を望んでいるのか。

何ができて、何ができないのか。

できないことをやりたい場合、どんな手段が選択肢としてあるのか。

このあたりを突き詰めて、合理的に対処法を考えていけば、だいたいのことは解決すると思います。

コミュ力が高いと幸せなのか？

ここまで「コミュ障でも、ぜんぜんなんとかなる」論を展開してきましたが、**コミュ力がまったくないという状態よりも多少はあったほうが、いろいろな局面で生きやすいということは言えると思います。**

というのも、人間というのは社会的な生き物ですので、多くの人が他者とのコミュニケーションや会話があることで、幸せを感じるのですね。

イギリスが世界で初めて、孤独担当大臣というポストを設置したのは2018年のことでした。それから3年後の2021年、日本も孤独・孤立対策担当室を設置して、世界で2番目となる孤独・孤立対策担当の大臣を任命しました。2024年4月には対策推進法が施行されます。どうやら、孤独が人間のメンタルやら暮らしやらに及ぼす影響は無視できない、ということのようです。

人とのつながりがあると幸福度が増す

僕自身は、実はこの感覚をあまり理解できなくて、家にひきこもって一日中誰とも喋らない、ということが続いても、ぜんぜん気にならない生き物です。

それでも、「幸せとはなんぞや？」というようなことを研究している人たちの統計によると、たとえ相手が赤の他人であっても、誰かとコミュニケーションが生まれたときに、人は幸せを感じるらしいです。

たとえば、アメリカのハーバード大学が約80年間にわたって実施した調査では、**社会的なつながりをもっている人は、健康度も幸福度も高いという結果が示されたそうです。**

また、別の研究では、深いつながりだけでなく、ちょっとした顔見知りの相手とのつながりでさえ、幸福感をもたらすことがわかったようです。

たしかに、行きつけのバーでマスターとちょっとした会話を交わすだけで、なんとなく心がほぐれるというようなことはありますね。深い相談なんてせずとも、「最近どう?」とか、「寒くなったね」とか、「そろそろ春だね」とか、とりとめのない言葉を交わすだけでも、無言のままカフェで一服するのとは違った充足感があるのかもしれません。

僕としては、カフェに入ってひとりで過ごすことになんの寂しさも感じないというか、むしろそっちのほうがくつろげたりするのですが、それは個人差ということですね。

自分に合った「筋トレメニュー」を見つける

コミュ力に自信がもてない人の多くは、うまくコミュニケーションがとれずに寂しさなり問題意識なりを抱えていると思うので、自分に負荷《ふか》をかけすぎずに人とつながることができる環境に身を置いたほうが、幸福度は高められるかもしれません。

たとえば、**孤独が嫌だという人は、いくらリモートワークが可能だからといって、知り合いがいない、そもそも近所に民家すらないような田舎で暮らすのはやめておいたほうが無難だと思います**。

とはいえ、近ごろでは新規移住者が独自のコミュニティを形成している地域も増えていて、「都会の賃貸マンションに住むよりも、移住者コミュニティが充実している地方に住んだほうが、結果として人間関係が濃くなる」ということもあるみたいなのですね。

こういう地域では、自分から積極的に人とつながろうとしなくてもコミュニケーションは発生しやすいです。けれど、プライベートにまで他人が踏み込んでくるパターンにも陥りやすいので、ちょっと気疲れするなという側面もあると思います。

考えるべきは、「相手とどれくらいの距離感をもって、どういったコミュニケーションをとれば、無理なく続けていけるのか」。

コミュ力を鍛えるのも筋トレと一緒で、必要以上にムキムキした筋力をつけなくてもいいわけです。自分に合った「筋トレメニュー」が必要ということですね。

目的に応じてそれに必要なだけのコミュ力をつけていくことで、人づきあいのストレスが軽減しますし、ちょっとした工夫次第で好感度が簡単に上がったりします。「無口でとっつきにくいヤツ」なんていう印象を、ちょっとしたテクニックであっさり変えることが可能だったりもします。

コミュ力の有無が人間としての価値を左右するなんて夢にも思わなくていいのですが、**逆にコミュ力をうまく利用して、よりラクに、よりお得に生きていけばいいと思うのです。**

第 1 章

会話の「型」を知る

話し上手じゃなくていい

「コミュ力が高い人＝話し上手」というイメージがあると思います。

たしかにテレビやユーチューブなんかを見ると、タレントさんや芸人さんたちが抜群のトーク力を発揮して人気者になっている印象があります。

でも、彼らはそれでお金を稼いでいるプロの人たちです。

そういう「コミュ力おばけ」みたいな人たちと自分のトーク力を比べて落ち込んだりするのはナンセンスでしかない、というのは僕に言われるまでもなく理解してもらえると思います。

そもそも会話というのは、意味のない雑談の集大成です。

だから、そこに何かの意義を見いだそうとしても無駄でしかありません。もちろん世の中で行われているすべての会話が当てはまるとは言えないですが、僕たちは適当な言葉をポンポンやりとりしているにすぎず、そこには大層な意味も意義も存在しません。

有意義なことをしたいのであれば、論文を書けばいいだけの話です。

というわけで、**会話のなかで気の利いた言葉を連発しようとか、相手を感心させるような知識を披露しようなんて、そもそも思う必要はありません。**

もっと、ずっと適当でいいものなんだと心得てください。

瞬発力を発揮してうまい返しができたところで、「へー、この人は面白いことを言うんだなあ」と思われるくらいで、それがすごい発見につながるわけでもないし、それだけで大きな商談がまとまるわけでもありません。

反対に、気の利いた会話ができるセンスや才能なんてなくても、周囲から浮くこともなければ、仕事で行き詰まることもありません。

その人の能力の高さと、会話のうまい／下手は、ほとんど関係がありません。

会話というのは「その程度」のものだと認識しておいたほうがいいです。

コミュ力低めの「ニコ生主」

繰り返しになりますが、会話が上手であることとその人の能力値の高さは関係ありません。

僕は、ユーチューブで「ニコ生主《なまぬし》」的なことをやっていることもあり、寄せられた質問に対して素早く反応し、パパッと言葉を返すことが得意っぽい人だと思われているらしいです。

ただ、**「ひろゆきはコミュ力が高いのか？」というと、そういうわけでもないのですね。**

0章にも書いたように、むしろ人と喋ることはあまり好きではないし、初対面の人も苦手です。

動画の配信中、僕がそれなりにうまく喋れているように見えるのは、ただ単にそういう切り返しに慣れているだけのことなのです。

慣れとはどういうことかというと、「あ、こういう質問は前にもあったよね」という内容に対し、「型」にはめて答えている。そして、そういうことに慣れているために、「えーっと」「そうですね、それは……」というようなシンキングタイムもだんだん短縮できるようになっていっているのです。

そんなわけで、**表面上は、僕が瞬発力を発揮しているように見えているわけです。**

生配信中にやっていること

以前、生配信を見た人がツイッターで、「ひろゆきは、こういうパターンの質問には、こういうパターンで返している」というふうに僕の「型」について分析していて、それがけっこうバズっていました。

これが、思わずニヤニヤしてしまうくらい、だいたい正解だったのですね。

動画の配信中に寄せられる質問には、一定の「型」があります。

人間関係の悩みだったり、仕事や勉強のやり方の改善策を求めるものだったり、

「これで合っていますか?」という答え合わせを求めるような質問だったり。

だから、「今の質問はどの『型』なのか」ということさえわかれば、あとはそのパターンに合わせた返しをするだけでいいのです。

100個の質問に対し、100通りの答えを個別に考えて瞬時に答えを導き出しているわけではなくて、単にパターンに当てはめているだけ。ビールを飲みながらダラダラと喋っているだけなので、そうやって型にでもはめないと答えるのも大変だったりします。

例としてユーチューブの動画の話をしましたが、**会話にも一定の「型」があります。**人間の言うこと、やることは、何かしらのパターンに当てはまるものがほとんどだからです。

とりわけ、初対面の人同士が話すことや、何かを相談したいときに口に出すことというのは、ある程度、類型化できます。

なので、**相手が言いそうなことは、それなりの経験を積めば、実はけっこう想定できてしまうものだったりするのです。**

もちろん、「型」から大きく外れたことを言ったりやったりする人もたまにいますが、小難しいことを返そうとしてきたりうまいことを言ってくる人であっても、大半は自分を「デキる人風」に見せようとしているだけで、本質的なことは型にはめられることが多いです。

ただ、いい意味でも悪い意味でもヘンな人、というのは存在するので、そういう人を相手に会話がかみ合わないことがあっても、気にする必要はありません。

テレビ番組の「アベプラ」でも共演した宮台真司さんや成田悠輔さんのように、優秀なうえに面白い人というのが世の中にはいるものですから。

会話をパターン化するコツ

では、会話の「型」にはどんなものがあるのでしょうか。

実は、**初対面の人との会話というのが、いちばん簡単だったりします。**

先ほども書いたように、僕も初対面の人に会うのが好きではないので、他人のことは言えないのですが、「初めましての相手」と会うとき、むやみに緊張する人がいます。

相手がどんな人かわからないから、どんな会話をすればいいかわからない、という不安が大きいのだと思います。

でも、初対面の人との会話というのは実はいちばん気ラクだったりします。

これまでの蓄積がなく、踏まえる情報もないので、まっさらなところから会話をスタートできるからです。

しかも、**相手が誰であっても「使える質問」はいくらでもあります**。

たとえばですが、大学生であれば「どこの大学?」「サークル活動やってる?」とか「何を専攻しているの?」とか。

社会人であれば「今のお仕事は何年目ですか?」とか「いつもお忙しくされているんですか?」とか、もう何を聞いてもOKですよね。

ちなみに、あまり親しくない人とか、単なる顔見知りの人とか、初対面の人とかと

2人きりになったとき、天気の話をする人はすごく多いと思います。

「なんだか急に寒くなってきましたね」などという、場つなぎ的なアレです。

ある意味、会話の「型」の最たるものだと思うのですが、**僕は天気の話をしてくるヤツを信用していません。**

なぜなら、天気の話をしてくるヤツって「お前に対してはなんの興味もないから、すげー無難な天気の話を振るぜ」と表明しているのも同然だと思うから……。

初対面で政治の話なんてしたら揉《も》めそうだし、宗教の話なんてもっと面倒なことになりそうだから、「天気の話が無難だよね」っていう判断は合理的ではあるのでしょうけど、**僕なんかは、「あ、こいつと喋ってても時間の無駄だろうな」なんて思ってしまいがちです。**

皆さんはいかがでしょうか。

初対面の会話はむしろ気ラク

ちょっと脱線しましたが、初対面のときは、「お互い何も知らない前提」で会話をすればいいだけなので気がラクです。

そういった意味で、**初対面の相手に話しかける内容も「型」としてストックしておくことができるのですね**。

例を挙げるまでもないのですが、相手が学生ならばこれ、若手の社会人にはこれ、上の世代の人にはこれ、といった具合です。そうやって手札をもっておけば、およそ的外れな会話にはなりませんし、会話も比較的スムーズに流れていきやすいです。

初対面時よりも、２回目以降のほうがハードルは高いと僕は思います。

再会した相手とは、すでに一定のやりとりがあるわけですよね。それを踏まえて会話したほうがいいとなると、ちょっと厄介です。以前に話した内容を完全に忘れて同じことを聞いてしまった……ということも、忘れっぽい人であれば経験があるかもしれません。

ただ案外、そういうミスみたいなことをきっかけにお互い笑いあって仲良くなれてしまうこともあると思います。

冒頭に書いたように、**会話というのは意味のない雑談の集大成でしかないので、適当でいいのです。**

「失敗しちゃダメだ」と必要以上にがんばってしまうと、ヘンなことを口走って相手の地雷を踏んだり、空回りして「ヤバいヤツ」認定されてしまったりするので気をつけましょう。

ラクに会話を続ける

口下手な人の悩みのひとつに「会話が続かない」というのがあると思いますが、**コ**

ミュ力が高い人は会話のキャッチボールが得意です。

それこそ、初対面のときはお互いに質問しあって「そうなんですね」「ほうほう」という一種の情報交換で終わるわけですが、2回目以降、コミュニケーションの達人は相手との関係性を連続させるようなやりとりを重ねていきます。

どういうことでしょうか。

たとえば、ほんのりと好意をもっている異性と、もっとお近づきになりたいという場合。

「ちょっとしたお礼の品を異性の知り合いに贈りたいのだけれど、どんなものがいいと思う?」と聞いてみます。

ここにはちょっとしたカラクリというか、ポイントがいくつかあります。

まず「異性の人はどんなものが好きなのか、自分にはよくわからないので教えてほしい」という口実が成り立ちます。

プライベートなお誘いというほどハードルの高い内容でもないので、相手の人も断りやすいですし、仮に断られたところで「困っていたので、相談してしまって。すみませんでした」という体裁《ていさい》を貫くことができますから、ダメージは最小限にとどめることができる。

また、さらに重要なのは、もしOKをもらえた場合、その後も相手と連続したやりとりを重ねられるという点です。

「この前あなたにおすすめしてもらった品、AとBですごく迷っているんですよね」とか、「相手にすごく喜んでもらえました。本当に助かったので、お礼に飯でもおごらせてください」とか、相手を巻き込んで話題を膨らませることができるし、結果としてたくさんの時間を共有できるのですね。

あとでくわしく書きますが、**話し上手の人の多くは、一方的にペラペラ喋りません。**相手の話を引き出すテクニックに長けている人たちなのです。

相手が言いそうなことを想定する

さらに掘り下げると、**会話がうまい人の特徴として、「一を聞いて十を知る」こと**

ができる、というのがあります。

相手のちょっとした一言から、その人の志向性や真意まで、ある程度、類推することのできる能力です。

たとえば、おそらく健康志向が強そうだとか、時事ネタに関心が高そうだとか、語学に興味がありそうな人だな、といったことを見抜くことのできる観察力。

優秀な人というのは、相手に応じて、それぞれの人が言いそうなことをある程度想定できる場合が多くて、必要に応じて下調べまでしていたりするのですね。

学校の勉強に関して言えば、僕は「予習反対派」です。一度教わったことを復習したほうが、コスパが格段にいいからです。

でも、社会人の場合はむしろ逆で、「相手はどういう属性の人なんだろう?」「どういう思考をするんだろう?」ということを多少なりとも事前に想定しておいたほうが、実際に会ったときにスムーズだと思うのです。

こういうことができるようになると、たとえ会話の時間が短くてもコミュニケーションが円滑になります。

人間には、自分の言いたいことが相手に伝わったと感じたとき、満足して相手を高く評価したくなる習性がありますし、コミュニケーションも合理的になるので、お得なことしかありません。

向き不向きがあると思いますし、すぐに実践するのは難しいと思いますが、これも一種の「型」として、相手がどういう人なのかを事前に想定しておく習慣をつけておくのはおすすめです。

「明日ヒマ？」と聞いてくる人

余談になりますが、**厄介な相手も「型」によって撃退できたりします。**

たとえばＬＩＮＥなどで「明日ってヒマ？」「ちょっとだけ時間ある？」とだけ、唐突に聞いてくる人っていますよね。理由は言わず、相手の予定だけを先に知ろうとする人です。

あることを頼みたいのだけれど、相手に断られたくないので、断り文句となりうる理由を先につぶしておきたい……という真意が隠されていることも多くて、うっかり「時間ならあるよ」なんて返事してしまうと、面倒なことになります。

いざ「実はね、こういうお願いがあって」と頼まれたときに、断りづらくなってしまうんですね。

けっこうセコい手法ですが、よくあります。

だから、「明日ってヒマ?」と聞かれたときの切り返しパターンとして、**僕がよく使っているのは「わりとバタバタなんですよね」などというフワッとした返答をすることです**。この切り返しのパターンは正解なのではないかと思っています。

というのも、こう言っておけば、詳細を聞いたあとでイエスともノーとも答えられるから。

ごくまれなパターンだとは思いますが「競馬で大穴を当てたので、お寿司をおごるよ!」なんていう、おいしいお誘いだったりする可能性もゼロではないので、「忙しいです」とにべもなくチャンスをつぶしてしまうのもよろしくない。

だから「調整できるかもしれないですけど、なんでしょうか?」くらいのノリで探りを入れるのが、ちょうどいいのではないかと思っているのです。

「型」でとらえる前に大事なこと

ここまで、会話のパターンや相手のタイプなどをある程度「型」でとらえるということをやってみるとラクですよ、という話をしてきました。
とはいえ、ロボットのように機械的に判断することをおすすめしているわけではないので、くれぐれも注意してください。

大前提として、「相手がどういう思考をしているのか」ということを理解できていなければ、パターン化なんて不可能です。

言わずもがなですが、まずは相手の話をよく聞いて、その考え方を理解することが大事です。

コミュ力をつけると聞くとどうしても、「自分自身」が会話のテクニックを身につけるとか、「自分自身」が面白い話をして人気者になるというようなイメージが先行してしまう人は多いと思うのですが、**「相手」の話をしっかり聞いて、正確に理解することは実はめちゃくちゃ重要です。**

自分がペラペラと調子よく喋ることよりも、はるかに大事だったりします。

「相手がどんなことを考えているのか」

「どうしてそう考えるのか」

このあたりを理解するためにも、まずはその人の話に耳を傾けてください。ブログなどで、いろいろな人の主張に目を通してみるのもいいと思います。

そういうことを意識的に積み重ねていかないと、他人のうわべだけを見て「この人はこういう人間だ」「一般的な考え方はこうだから、この人もそういうことを言っているはずだ」という決めつけに陥りやすくなります。

人間はより簡単なほう、よりラクなほうに流されがちな生き物なので、自分の理解の範疇《はんちゅう》を超えている相手の考えを軽視したり、自分と似たような考え方の人の意見に賛同しがちなのです。

いろいろな考えをもつ人がいること、その根拠までを理解できるようになると、コミュニケーションのスキルはけっこうアップすると思います。

いちいち共感する必要はない

いろいろな人の考えをよく聞いて理解することが大事だと言いましたが、**いちいち共感までする必要はありません**。

僕は、ネット掲示板をつくったり、ニコニコ動画みたいなオンラインコミュニティをつくったりという、「コミュニティ屋さん」をよくやるんですが、そこに集まってくる人たちの感情まで理解しているつもりはまったくないのです。

コミュニティとは、多くの人が集まって会話などをする場所です。そういう場を提供し管理することがコミュニティ屋さんのお仕事なので、ツイッター（※1）の創設者であるジャック・ドーシーやフェイスブック（※2）の創設者であるマーク・ザッカーバーグなんかもコミュニティ屋さんですね。

この2つを見てもわかるように、コミュニティが大きく成長すればそれなりに人が

※1 現在（2023年12月）「X」　※2 現在同じく「Meta」

集まります。多くの人が集まったら、彼ら1人ひとりが発する考えや発言は目視で確認できても、その裏にある感情まで理解するのは難しい。

だから、「こういうふうに考える人、いるんだね」「ああ、こういうタイプの人もいるよね。ふむふむ」といった具合に、情報だけ集められればそれでいい。言ってみれば傾向と対策を練ることができたらそれでいい。

そのジャンルやトピックスに対して、自分の興味関心なんてゼロだって構わないし、共感する必要もありません。

それでも仕事は普通に回りますし、自分の先入観が入らないほうが好都合だという場合もあると思います。

親しい友達同士であっても「あなたの理屈はわかったけど、自分は共感できないな」ということなんて日常茶飯事です。

それぞれ違う人間なのだから当たり前のことで、共感できないからといって仲が悪くなるということもありません。

相手に喋らせる

すでに触れましたが、**「会話が上手な人＝自分ですごく面白い話ができる人」というわけではありません**。

勘違いしている人も多いのですが、話がうまい人というのは、実はだいたいが相手の話を聞いているだけなのです。

たとえば、テレビのトーク番組でＭＣを務めている人は、自分の話はほとんどしませんよね。質問をしたりツッコミを入れたりしながら話題を膨らませて、ほかの出演者たちからどんどん言葉を引き出しています。

話し上手は喋らない

むしろ、自分が話したがりの人って、「話がうまい」とはあんまり言われないと思います。

それどころか、**自分の話ばかりしていると嫌われるし、逆に人の話を聞けないコミュ障だと思われたりもする。**

ごくまれに、話したがりでめちゃくちゃ面白い話ができるという人もいますけど、それこそ芸人レベルの人です。全人口の1パーセントもいないと思います。

「話し上手は聞き上手」なんていうことわざまでありますよね。

基本的に、**人間というのは、相手に自分の話を聞いてもらいたい生き物。**

なので、飲み会などで一生懸命、自分が喋りたいことを喋っている相手には「えっ、そうなの！　知らなかったな」「へー、もっとくわしく聞かせてよ」という感じで、気持ちよく喋らせてあげましょう。

それだけのことで、相手はなんだかすっきりして「今日の飲み会、すげえ楽しかったな」と満足して家に帰るわけです。

重要事項なので繰り返しますが、「自分が話をしなきゃいけない」と思っている時点で間違っています。

雑談の場というのは「話を聞く場所」なのです。

自分ががんばってトークしよう、というのではなく、ほどよく相槌《あいづち》を打って、会話を続けさせるテクニックをもってください。

話を聞いてくれる人は好印象

ポリティカル・コレクトネス（ポリコレ）が厳しくなりつつある今のご時世ですから、女性がどうこうという話をするとお叱りを受けてしまうかもしれませんが、女の人って比較的、自分のことを喋りたいタイプの人が多い傾向にあると思うんですね。

たとえば、おつきあいしている恋人のお母さんに初めて会いに行く、というシチュエーションについて考えてみましょう。

たぶんめちゃくちゃ緊張しますよね。お母さんにどんなふうに自分をプレゼンすればいいのだろう、どんな話をすれば気に入ってもらえるだろう、と頭を悩ませると思います。

でも、**ここでの正解は「話をしない」です**。

もちろん、じっと黙り込むのではなくて、ひたすらお母さんの話を聞くことに集中しましょう。

その人の話をすごく楽しそうに聞いているだけで、相手は勝手に好印象を抱いてくれます。

また、年配の人たちのなかには「ペラペラ喋る人ってあまりお上品ではないよね」という先入観をもっている人もいたりします。

あまり自分の話をせず、ニコニコと聞き役に徹しているだけで、おっとりして上品に見えやすくなり、さらには、失言して印象を悪くするというリスクまで回避できるのです。

「自分が面白い話をして場を盛り上げなきゃいけない」というのが、いかに残念な思考かということが、ここでも理解してもらえたかと思います。

ただひたすら話を聞いているだけで「感じがいい人」だと思ってもらえるのですから、すごくお得です。

喋る相手を観察する

自分が喋っているときは、話している内容に集中してしまいますので、相手をじっくり観察する余裕はなくなります。

でも、**聞き役に徹すると、相手を観察するゆとりが生まれます。**

人間の表情というのは、口に出す言葉よりも雄弁にその人の内面や本音を語ってくれることがあるので、その人の思考パターンなどを推測するのに役立ちます。

たとえば、会話の最中に目が合うと、すぐに目線をそらしたり、目が泳いだりするタイプの人がいます。自分に自信のない人、気が弱い人に多いリアクションです。

あるいは、目の前に、自分にとってすごく不快な人が現れたとき、ほんの一瞬ではあるけれど、人は不快な表情になったりします。

さすがに、あからさまに眉をひそめたりすることはないけれど、ほんの一瞬、チラリと不快な表情を浮かべることがあるんですね。もちろん、**本人は自分の表情の変化に気づいていない場合がほとんどです**。

こんなふうに立ち居振る舞いや表情のつくり方などから、相手の考え方やタイプを予測するということが、訓練を積めばある程度はできるようになるらしいです。実際にメンタリストのDa・iGoさんはそれをやっています。

コールド・リーディングとかマイクロ・エクスプレッションとか呼ばれるものがその一環なので、興味がある人は自分でググってみてください。

ただ、そんな大それたことでもありません。

たとえばですが、「自分のお喋りに夢中になりすぎて、相手が退屈そうな顔をしているのにぜんぜん気づいていない」というような状況はよろしくないので気をつけましょう、という程度のことです。

そのためにも、**コミュ力に自信がない人ほど、あえて自分が一歩引いてみる**。そして「相手の表情やしぐさに気を配る」ということを意識してやってみるといいと思います。

自分のことで頭がいっぱいになっているとき、人は目の前の相手のことを見ているようでいて、実はちゃんと見えていません。

冷静に状況を観察できている人のほうが、状況をリードしやすくなるのは当たり前と言えば当たり前のことなのです。

ちょうどいい相槌を打つ

さて、**聞き上手になるうえで大切なのが、相槌です**。

すでに触れていますが、相手の話をしっかり聞くといっても、ひたすら押し黙りじっと相手の話に耳を傾けているだけでは、明らかに「ヤバい人」です。

リアクションが薄いと、「この人、本当に自分の話を聞いているのかな?」と、話をしている側は不安になるでしょうし、不快にもなりますよね。

聞き上手になるためには、「ちょうどいい相槌」が欠かせません。

それも、「ふーん」とか「そうなんですね」をひたすら繰り返すだけでは、「あ、こいつ適当に受け流しているな」という印象を抱かれてしまうので、「なるほどです」「ふむふむ」「まじっすか」といった具合に、10個くらいの相槌を使い分けたほうがベターです。

相手の言葉を繰り返す

また、すごく簡単なテクニックとして、「相手が言った言葉を繰り返す」というものがあります。

たとえば、「そうなんですね」というような相槌であれば、相手の話をちゃんと聞いていようがいまいが、即座に口に出せます。

一方で、一応話を聞いていないと、相手が言った言葉を繰り返すことはできません。

「俺、学生時代にバスケやっていたんだよね」という話が出たときに、「そうなんですね」と返すのと、「えっ、学生時代にバスケやってたんすか」と返すのとでは、相手が受けとる印象は大きく変わります。

後者で返されると、相手は「あ、なんか俺の話をちゃんと聞いてくれているっぽいな」という印象をもち、さらには「興味をもってくれたんだ。じゃあ、この話を続けてもいいのかな」と思い込みます。

ところが、「そうなんですね」の一言しか返さなかった場合、ここで会話が終了してしまう可能性があります。このネタに興味がないのか、あるいは自分に興味がないのか、と話している側もおのずと遠慮がちになるからです。

「おとといから徹夜していて大変だったんだよ」と言う人がいれば、「おとといから徹夜！　それは大変でしたね」と返してみましょう。

単なるオウム返しで、こちらはまったく頭を使っていないのですが、それでも相手

はちゃんと話を聞いてくれていると感じます。

そして「そう、本当に大変でさ。この歳になると徹夜のダメージがぜんぜん抜けなくて。さっきもね……」というような感じで、勝手に話を広げてくれます。

とはいえ、オウム返しばかりしていると、さすがに苦しくなってくるので、相手の目を見るなり、ジェスチャーを交えるなりしつつ、「ちゃんと聞いていますよ」「興味があります」というサインをしっかり出すようにしましょう。

ちなみに、しょっちゅう相槌を挟まれると不快に感じる人もいます。話の邪魔、と認識されてしまうパターンですね。当然ながら、何がなんでも相槌が万能、などということはあり得ませんので、注意してください。

ただ、そんな場合にも、相手の表情やさりげない仕草などに気を配っていれば、なんとなく真意が汲みとれることはあると思います。

あわてず、心に余裕をもつといいです。

会話のボールを自分でもたない

先ほども触れましたが、「会話は言葉のキャッチボール」という表現があります。相手の発した言葉をボールに見立てて、そのボールをキャッチしたら、今度は自分が相手に投げ返す。この繰り返しが会話だということですね。

先ほどの、徹夜の話題をもう一度見てみましょう。

たとえオウム返しでも「それは大変でしたね」と言うことで、すでに会話のボールは自分から相手の手に渡っています。

一方で「そうなんですね」と答えた場合というのは、ボールを自分が受けとって、そこで会話が停止してしまっている状態です。何かを投げ返さないと話は止まったまま。

だからといって、相手の話にも相手の人にも大して興味をもっていない状態なので、どうしていいかわからない、という事態に追い込まれてしまう。

なので、会話のボールが飛んできたらいったん受けとって、興味がありそうなリアクションを返す。相手に質問するのもいいです。

するとふたたび、相手が喋らなければいけないターンになります。

このように、「ボールを自分でもたない」ということを意識しつつ、キャッチボールを繰り返していけば、コミュ力に自信がない人でもスムーズに会話を続けることができます。

要は、**相手が自然に喋り出す、という状況を意図的につくり出しているわけです。**

「それってこういうことですか?」

言うまでもなく、いつまでもオウム返しばかり続けているわけにもいきません。

僕の場合は、相手の話を先読みして「それってこういうこと?」という感じで聞いてみる、ということをやります。

簡単に言えば、相手の言っていることを総合的にまとめて、「こういうことを言いたいのですよね？」と返す。

もちろん、少し話しただけでは、相手の意図をすべて聞きとれるとは限りません。だから、ある程度は先読みになります。

でも、先述したように「自分の話をしっかり聞いてくれている」という印象があれば、相手も悪い気はしません。だから、たとえその読みが外れたとしても角は立ちませんし、「そうじゃなくて、こうなんだよね」と説明してもらえます。

先読みの結果、もしも「そうなんだよ」と言ってもらえたら、一を聞いて十を知ることのできる人、自分に興味をもってくれている人なんだと、**良い意味で勝手に誤解してもらえたりもします**。

こちらとしては、「ああ、この人ってこういうふうに考えるんだな」という部分が理解できるので、さらにそこから会話が弾むこともあります。

とはいえ、これまでの話の本筋からズレまくるような先読みは、「この人、話をちゃんと聞いていたんだろうか？」「会話の主導権を握りたいのかな？」と不審に思われたりもします。

そうなると、会話の流れが一気にトーンダウンしてしまうので、そこの部分だけは気をつけたほうがいいです。

会話を強制終了する方法

心地よい相槌を打つことで、相手は安心して喋り続けてくれる、ということについては理解してもらえたと思います。

このテクニックは、実は逆パターンとしても使えます。

つまり、**「この話をさっさと終わりにしてほしい」という状況においては、相槌を打たなければいいのです。**

相手の話が長すぎて要領を得ないとか、隙《すき》あらばマウントをとろうとしてくるとか、堂々めぐりの愚痴ばかり聞かされてうんざりしてしまうとかいう経験は、誰しもあると思います。

こうした苦痛しかない会話は、時間とエネルギーが無駄になるだけなので、できるだけスムーズに会話からフェードアウトしたいところですよね。

上手な相槌というのは「私はあなたの話を聞いています」「興味をもっています」というサインとして伝わるわけですから、相槌を打ち続ける限り、会話は終わりません。

相槌を打たないのはもちろんのこと、目も合わせないしうなずいたりもしない。あらゆる動きを停止して、相手の話が終わるまでひたすら無言で待ちましょう。**何も反応を示さないでいると、相手は確実に居心地が悪くなり、どんなに厚かましい人でも話を続けることがつらくなってきます**。

こうして会話は無事に終了するというわけです。

リアクションがまったくない相手に向かって延々と会話を展開できるような猛者《もさ》は、なかなかいないものです。

無口を克服する

コミュ障に悩んでいる人の多くは口下手です。

というか、自分は口下手だと思い込んでいて、ますます口が重くなってしまうという負のループから抜け出せないという人が多いのだと思います。

そういう人におすすめしたいのが、ほぼ失敗しないコミュニケーションです。

本来、コミュニケーションにはしくじりがつきものですが、ほぼ失敗しないコミュニケーションというのも存在します。

それが挨拶です。

朝、「おはようございます」と声をかけられて、怒り出すような人はまずいません。

自分がコミュ障だと思っている人は、まず、学校や職場で挨拶をする癖をつけてく

ださい。

まわりの席の人に「おはよう」と声をかければ、相手も「おはよう」と返してくれますよね。それは立派なコミュニケーションです。

毎日それを続けていくうちに、「今日は暑いっすねー」とか「寒いっすねー」とかいった、ちょっとした会話が生まれることもあるはず。職場であれば、「お疲れさまです」とかも普通に使えますし、そのついでに仕事の進捗だったり状況だったりを話すきっかけにもなります。

つまり、コミュニケーションのきっかけを生み出すきっかけとして、挨拶はコスパがとてもいいのですね。

一言で済みますし、頭を使う必要もありません。

また、**挨拶しないで損をすることはあるのに、挨拶して損することはほぼありません**。

感じのいい人だなと思われたらラッキー、というくらいの軽い気持ちで、日々の習慣にしてみるといいと思います。

どうでもいい話をする

この章の冒頭でも話しましたが、**会話というのはどうでもいい話の集大成にすぎません。**

僕は、自分から友達をつくろうと思って積極的に動くことがほとんどなくて、その姿勢はアメリカ留学中も大して変わりませんでした。

ただ、欧米の人というのは、たとえばエレベーターに乗り合わせたりしたときに無言になるのが気まずいと感じる傾向があるようで、赤の他人同士であっても何かしら会話をすることがあります。

大学のキャンパスの喫煙所で誰かと居合わせたときも同様で、「何歳？」とか「これから授業？」というような、かなり適当な言葉を交わします。

僕は以前たまにタバコを吸っていたのですが、たまに吸う程度だったこともありライターをもち歩いていなかったので、ほかの学生に「ライターもってる？」とよく声をかけていました。

そして、タバコを吸っている間はヒマなので、どうでもいい話をダラダラするわけです。

「どうでもいい話をしている相手が友達なのか？」と言われると、そこは微妙な気もしますが、こうして顔見知りの人は増えていきました。

そんな感じで、話し相手は簡単に見つけられるし、**話し相手が欲しいのであれば、自分から話しかければいいと思います**。

肩の力を抜いて、どうでもいい話を続けていくうちに、ウマが合う人と出会える機会もあるかもしれません。そうやって、少しずつ会話の機会をつくることで、コミュニケーションの訓練を積むこともできると思います。

すでに伝えたとおり、コミュニケーションは回数を繰り返すことで、その「型」を見つけることができるようになりますので。

独り言＝話しかけるトレーニング

どうでもいい話をすればいいと書きましたが、「何をきっかけに話し始めたらいいのか」と困惑するうちにタイミングを逃し、けっきょく押し黙ってしまう気持ちもわかります。多くの人にとっては自然なことでも、慣れていない人にしてみればハードルの高いことですよね。

僕自身、以前は雑談が得意ではありませんでした。

なぜかというと、そもそも喋る気がなかったから。話しかけられたら普通に返せましたが、こっちから話しかけようという気にはなれなかったのです。

そこで、**中学生だった僕が始めたのは、独り言を喋る練習です。**

「このテレビ番組、どこが面白いのかな」とか「今日の夕飯、何を食おうかな」とか、本当にどうでもいい内容なんだけど、思ったことはとりあえず口に出して喋ってみるという癖をつけました。

独り言の場合、誰かからの問いかけに対する返事ではないので、当たり前ですが、自発的に喋り始めない限り、何も始まりません。つまり、**誰かに話しかけられた状態じゃなくても、自分から話しかける訓練になるんですね。**

イメージとしては、自分の頭のなかに2人の人間がいて、会話を交わしているような感じ。ひたすら雑談を繰り広げているような状態です。

そうやって練習していくうち、独り言はベラベラ喋れるようになりました。

こうして僕は今、喋ってお金を稼ぐ仕事までしているわけですから、なかなか効率のいい喋りのトレーニングなのではないかと思っていたりします。

リアルでの会話にこだわらない

そもそも、**コミュ力に自信がない人にとって、リアルでの会話は難易度が高いものです。**

目の前に相手がいて、たとえば「このあいだの週末、何してた?」というようなことを聞かれたとき、「うーん、週末にはいろいろあったけど……」「この場合、なんて返すのが正解なんだろう」みたいなことを考えている時点で、間《ま》が空《あ》いてしまいます。

そうやってまごまごしていると「なんか、反応悪いな」「こいつ、あんまり面白くないな」と思われてしまいます。

普通の会話というのは、リアルタイムで対応しなくてはならないので、ポンポンと言葉が出てこない人にはハードルが高いのです。

そこでおすすめしたいのがリアルタイムではないコミュニケーション。メールやチャット、LINEなどのオンラインツールを活用した、非同期コミュニケーションが無難だと思います。

たとえばLINEで「きのう、何してた?」というようなメッセージが届いたとして、即レスしなくても無問題ですよね。

むしろタイムラグがあって当然なので、**内容を考えてから返信すればいいし、よくわからない話題や知らない単語が出てきても、ググって調べることができるので話題も広げやすいです。**

あまり自意識過剰にならず、適当にやりとりすればいいだけの話なのですが、そのあたりも、だんだん慣れていくうちに流れがつかめるようになると思います。

Clubhouse《クラブハウス》（音声SNSアプリ）を活用してみるのもいいと思います。不特定多数の人たちが、それぞれ好き勝手に会話しているところに、ちょこっとだけ参加してみる。

「この話題だったら、話せるかも」というのがあったら参加してみればいいし、一言も喋れなかったとしてもノーダメージです。

誰もあなたのことを気にしていませんから、身構える必要はまったくないんですね。ハードルはすごく低いので、練習の場としてはもってこいだと思います。

習うより慣れよ！

ここまで、会話の「型」を知ることをはじめ、相槌のコツや独り言での雑談練習など、ちょっとしたテクニックやアドバイスを並べてきましたが、難しく考える必要はまったくありません。

僕は、いまだに電話で話すことが苦手です。

「やれ」と言われたら、赤の他人とも普通に電話で話せますけど、得意ではないし嫌いなんですね。つまり、社会人になって仕事をするうえで、**電話をたくさんかけなくちゃいけない状況に追い込まれたから、それなりにできるようになったというだけの話なわけです。**

おそらくは誰しも、ある程度の苦手意識を抱えつつ、「仕事だから仕方なく」電話をかけたり、仲良くもない人に話しかけたりしていくなかで、ちょっとずつ経験値を上げているんです。

会話なんて誰でもできますし、必要に迫られれば、なんとか乗り切れる場合がほとんど。だから、話すのが苦手だと不安にならないでも大丈夫。安心してください。

第 2 章

がんばらない勇気

人には持ち前の特性がある

キングコングの西野亮廣《あきひろ》さんという人がいます。もともと芸人さんだったはずの方です。

頭もいいしすごく優秀な人なのですが、**僕、西野さんのギャグで大爆笑したことはありません。**

芸人さんに対して「ギャグで笑ったことがない」と言うと、ちょっと悪い意味に聞こえるかもしれないですが、僕は西野さんを大いに評価しています。

基本的に他人を評価することはあまりないと言われている僕が、です。

じゃあ、お笑い芸人なのに笑えない西野さんを、どうして評価しているのか？

それは、西野さんの能力というのは、「自分自身の面白さ」で勝負するところにはないと考えているからです。

キンコン西野さんの本領とは

とあるお笑い番組を見ていたところ、西野さんが劇団ひとりさんと共演していました。

劇団ひとりさんといえば、モノマネはできるし、喋りは面白いし、ピンで笑いがとれる人。そして、西野さんはツッコミですから、面白い相手さえいれば、そこにうまく乗っかって、面白い空気をつくることができます。

結果、「面白い劇団ひとりをいじる西野さん」という構図で笑いがとれていたのですが、中心人物は劇団ひとりさんであって、西野さんではなかった。

何が言いたいかというと、**西野さんの才能というのは、「みんながどっと笑い出す空間」というものをつくり出すプロデュース力なのですね。**

面白い画《え》をつくるのがうまい。それは、当意即妙の面白い喋りができるという能力とはまったくの別モノです。

西野さんが製作総指揮・原作・脚本を務めた『えんとつ町のプペル』という作品があります。絵本からスタートして、アニメーション映画にまでなりました。「プペル」をあれほどまでのヒットコンテンツに育て上げたのも、西野さんの手腕ですよね。

ヒット作というのは、ひとりだけの才能で生み出すことは難しくて、優秀なクリエイターさんを集めて、話題の役者さんをキャスティングして、広告屋さんに盛り上げてもらって……と、いろいろなプロの人たちの力を借りながらつくることが多いのですが、**そこで西野さんのプロデュース力、つまり「場づくり」のうまさが大いに発揮されたのだと思います。**

場を楽しくする天才だったT君

僕の高校時代の友達に、驚異的なコミュ力をもつ青年がいました。彼はT君といいます。

T君のすごいところは、その突拍子のなさにあります。

たとえばですが、なんの前置きもなく「いやー、なんかさ。ここの、ささくれのところが痛いんだよね」というようなことを突然、言い出すのです。

仲間が集まるときというのは、初めて会う人同士が居合わせたりもするので、ちょっとぎこちない空気が流れたり、ふとした瞬間に沈黙が訪れたりすることもありますね。

第1章でも書きましたが、僕はけっこう初対面の人が苦手です。

そんなとき、普通の人であれば、何か定番のネタで場をつなぐ、雑談を広げていくというようなことをすると思うのですが、そういう「常識」みたいなものを突如としてぶち壊してくれるのがT君の才能です。

彼のささくれが痛い話なんて、正直、誰にとっても超絶どうでもいい話なわけです。**なんのオチもないし、1ミリも面白くない話題のはずなんですけど、T君がいると、なぜか盛り上がる。**その場の空気が面白い感じになって、みんなが楽しそうに喋り出すんですね。

ちなみに、T君自身は饒舌《じょうぜつ》なタイプというわけではありません。彼がすごく面白い話をしていたという記憶もありません。

それなのに、みんなが集まって楽しく会話をしているところには、T君がいる確率が高かったのですね。それは高校卒業後も変わりませんでした。

「まず隗より始めよ」

先ほどのキンコン西野さんと同じく、T君本人は「面白いこと」をしていません。

それにもかかわらず、彼がいる飲み会は結果的にいつも面白くなる。

これはなぜなのか。

中国に「まず隗《かい》より始めよ」ということわざがあります。

戦国時代の中国で、燕《えん》という国の王様が「優秀なヤツを雇いたいんだよな」と言い出しました。

「どうやったら雇えるかなあ」と話していたら、郭隗《かくかい》というオジサンが、「それだったら、まず俺のことを重用してくださいよ」と進言した。

ちなみに、このオジサンは超無能です。でも王様は、とりあえず言われたとおりにしてみた。どうしようもない郭隗、ことわざに出てくる隗を好待遇で雇ったわけです。

すると「あの無能な隗が、すげえ優遇されているらしいぜ」という噂が噂を呼び、国の各地にいる超優秀な人たちが「あんな無能なヤツが大事にされているのだから、優秀な自分はいかほどか……」と期待したわけですね。

結果、燕の王様のもとには優秀な人材が次々と集まってきました。

つまり、「まずTより始めよ」。

T君が面白くもないしオチもないようなしょうもない話をして会話の糸口をつかむと、まわりの友達は「なんだ、あの程度の話をしてもいいのか」と安心して、そこに乗っかってきます。

こうして場の雰囲気が和《なご》やかになり、活気づくんですね。

本当に面白い人同士の会話だと、面白い話だけで会話の「キャッチボール」ならぬ、

「豪速球の投げ合い」をしなければならないのですが、T君があまりにも低いところから、超ゆるいボールを投げてくれるので、それに続く会話のハードルが一気に下がるわけです。

つまり、**T君はゆるい雑談の場を生み出す天才だったのです。**

ちょっと話が長くなりましたが、キンコン西野さんとT君に共通するのは、「本人が」何かすごく面白いことができるわけではないこと。それなのに、ほかの人のいいところを引き出して、場の空気をつくり出す才能をもっていることです。

つまり、コミュ力があるということは、その人自らが優秀なプレイヤー(＝たとえば、話が面白い人)であるということと、必ずしもイコールの関係にはないのです。

コミュ力に自信のない人の多くは、自分にはトーク力がない、人としての魅力が薄い、というふうに自らを卑下《ひげ》しがちなのですが、**「自分自身で、何かすごいことをしなければならない」という思い込みをまず捨てましょう。**

自意識過剰にならない

ファストフード店になんとなく集まってお喋りをしている若い女性グループの会話って、すごくゆるい印象です。

「私さ、昨日こんなことがあってね」

「うんうん。あ、あのメイク、かわいくない？」

というような感じで、ほかの人の話を熱心に聞いてもいないし、誰かの話に乗っかるというわけでもなく、それぞれが好き勝手に喋っています。しかもオチもありません。

話がうまいとか下手とかいう以前に、もはや会話として成立しているのかどうかさえ怪しいのですが、それでもやたらと盛り上がっていたりします。

盛り上がっているのだから、当然彼女たちは会話にも満足している。

こんなふうに、コミュニケーションはそもそも会話のキャッチボールをする必要すらない場合もあるのですが、それを理解している人というのはそれほど多くない気がします。

相手の意図をちゃんと理解して、しかるべきところにボールをバシッと返さないと意味のある会話にならない、みたいな固定観念をもっている人は、とくに男性に多いかもしれません。

そういう人に限って、「どうでもいい会話についていけず、コミュニケーションがうまくとれない」と嘆いたりします。

そこまで真剣に考えず、**もっと気ラクに考えていいのではないかと思うのです。**

誰もあなたのことを気にしていない

コミュニケーションというのは想像以上にゆるくていい加減なものであって、**何か**

特別なことをしようとがんばらなくても、会話なんて十二分に成立する。

前述のファストフード店でお喋りをしている若い女性グループの話でも、それは理解してもらえたと思います。

とはいえ、頭ではわかっていても、誰もが大なり小なり自意識過剰になりがち。周囲の人は自分のことをどう評価しているのだろう、面白い人だと思ってもらえているかな、ノリの悪いヤツだと思われていないだろうか、というようなことばかり気にしている人も少なくありません。

そんな状態では、メンタル面での気苦労が絶えません。

結果、人間関係に疲れてきて、自分はコミュ力が低いのだと自信喪失し、自意識をますます過剰にこじらせてしまう人もいます。

一言でいうと、こういう人たちは「気にしすぎ」です。

多くの人にとっていちばんの関心ごとは自分なので、他人のことなどほぼ眼中にない、くらいに思っておいたほうがいいです。誰もあなたに対して、大した関心を寄せてはいません。

そういう認識をもてば、少しは肩の荷が下りるのではないでしょうか。

劣等感を抱くナンセンス

優秀な人の前で委縮してしまうという人がいます。

そういう人たち曰《いわ》く、「相手と自分をつい比較して、劣等感をもってしまう」というのですね。

残念ながら、そういう人は現在、無能に囲まれた生活を送っているのだと思います。それなりの会社やそれなりのコミュニティに身を置いていると、それなりに優秀な人たちがいます。というか、まわりが優秀な人だらけだったりします。

当然ながら「この人、すごいな」「超優秀だな」と、彼らの優秀な言動に触れる機会もかなり増えるので、優秀な人を前にしてもなんとも思わなくなります。

そもそも、**優秀な人と自分をいちいち比較するのは意味のないことです。**

トーマス・エジソンやグラハム・ベルの伝記を読み、いちいち彼らに劣等感を抱く人はいませんよね。それと同じことです。

そもそも、**本当に優秀な人から見れば、多くの人は基本的に無能です。**

今の日本は、経済的にも社会システム的にも、いろいろなところでほころびが出まくって「オワコン」化しつつある国ですが、そんな右肩下がりの国に居続けて、その国の言語しか話せない人たちというのは、先進国の基準から見たら能力値が高いとはいえません。

身もフタもない話で恐縮なのですが、そういう世界的なレベルで考えると、たいていの日本人は優秀ではなく、そんな低いレベルでまわりと自分を比べていても、どんぐりの背比べにしかなりません。

だから、**いちいち劣等感をもつ必要なんてまったくないと思うのです。**

自己肯定感をもつ

自己肯定感が高いと、周囲からの評価を気にしすぎなくなるので、けっこう生きやすくなると思います。

いちいち他人の顔色を気にすることが少なくなると、対人関係も安定します。

ただし、「自己肯定感が低いので、もっと他人に認めてもらえることをして自信をつけよう」という考え方はおよそ見当違いなので気をつけてください。

つまり、「他人に褒められることで、自分は肯定されている」と感じるのは、自己肯定感とはまったく無関係ということ。単に「誰かがあなたを肯定している」だけの状態なのです。

言うなれば、他人からの評価によって、承認欲求を満たそうとしているだけ。

一方で、自己肯定感が高い人は、誰になんと言われようと、あるいは完全スルーされようと、ほとんど気にしません。

他人の顔色が気になる理由

なんとなく予想はつくかと思いますが、**僕は自分のことが大好きです。**

なので、赤の他人が「嘘と詭《き》弁《べん》を弄《ろう》し続ける、ひろゆき」的なことを言ってきたところで、まったく意に介《かい》さないですし、どうでもいいと思っています。

ネット上で誰かに僕の人生が全否定されたところで、「僕は僕自身が好きだから、毎日超楽しい！」というのが変わることはありません。言うまでもなく、**「他人が僕のことを嫌っていること」と「僕が僕のことを好きであること」はなんの関係もないのです。**

でも、自己肯定感と承認欲求をごっちゃにしている人が、世の中には多い。

そして、そういう人は「この人が自分のことを嫌いだと言っている」「だから、自分も自分のことが嫌になる」という思考に陥りがちです。

これは自分の価値判断の基準を他人に依存している状態ですよね。

人から褒められることで「自分はクソ野郎ではないんだ」と安心したいというのは、単に承認欲求を満たそうとしているだけ。

価値判断の軸を自分でもたないでいると、周囲の顔色ばかり気にするようになって、自己肯定感は高くなるどころか低くなっていく場合が多いと思います。

なので、自己肯定感を高めたいのであれば、「他人が自分をどう見ているか」とか、「他人が褒めてくれるかどうか」とかいう部分は完全スルーするようにしたらいいと思うのです。

親ガチャと自己肯定感

もともと自己肯定感が低いという人がいます。

ちょっと残酷な話なのですが、自己肯定感が高い／低いというのは、どうやら幼少期にだいたい決まってしまうらしい、ということがわかっています。

いわゆる自己肯定感だったり、周囲の人間との関わり方だったりは、テストの点数では測ることのできない「非認知能力」が大きく関わっているといわれています。そして、非認知能力の土台というのは、3歳くらいまでにつくられるといわれています。

親に見守られながらも好き放題できた子供は、「自分は好き放題やっても大丈夫なんだ」「それでも受け入れてもらえる存在なんだ」と思うことができるのですが、たとえば毒親から暴言を吐かれたり、殴られたりしていると、「自分が何かをすると親が怒ってしまうから、自分は取るに足りない存在なんだ」「人に迷惑をかけてはいけないんだ」というような思考に陥ってしまい、自己肯定感は低くなります。

一言でいうと、まともな親のもとで育つことが超重要だよね、という話です。

なので、少し前にネットで話題になった「親ガチャ」でハズレを引かないかどうか、というのはけっこう切実な問題だったりします。

乙武さんの大満足な人生

僕の知り合いに「五体不満足」ではあるけど、〝3本目の足〟は「一本大満足」していたらしい、乙武洋匡《ひろただ》さんという人がいます。

乙武さんは手足がない状態で生まれてきたので、周囲は「この子は、一生寝たきりなのではなかろうか」と思っていたのですが、「どうやら、自分で寝返りが打てるみたいだぞ」ということがわかって、そのうち普通に喋り始め、頬と腕にペンを挟んで文字なんかも書き始め……といった具合に、できることがどんどん増えていきました。

乙武さんの両親は「この子はすごい、こんなことまでできるようになっちゃった」と喜び、わが子を肯定します。

そうこうしているうちに、乙武さんは早稲田大学にも合格し、書いた本がベストセラーになり、子供もたくさんつくって、さらには不倫スキャンダルまで出てきてしまったりして、**社会的には紛れもない「勝ち組」といえる存在になりました。**

できないことではなく、「できること」をしっかり見て子供と関わった乙武さんの両親は、結果として肯定感をずっと与え続けていたのですね。

こういうのを見ると、**幼いころの親の関わりというのは、すごく重要だと改めて思います。**

自己肯定感は年齢とともに下がっていく

自己肯定感がいちばん高いのは、生まれたての赤ちゃんです。

そうでない子もまれにいるかもしれませんが、生まれた瞬間の赤ちゃんにとって自分は「神」も同然、つまり、周囲の人たちが自分のために何かをしてくれるのが当たり前、という感覚で育つのですね。

でも、**成長するにつれて、「世界は自分を中心に動いているわけじゃないのかも」と感じるような経験も次第に増えてきます。**

そのなかで少しずつ承認欲求も芽生えていって、他人から認めてもらうためのあれこれを覚えていくようになるのですね。

ちっちゃいから愛くるしいという「赤ちゃん補正」は年齢とともに失われていきます。

子供時代には無条件にチヤホヤされていたとしても、**中学生くらいになると、周囲はかわいくない人に対しては「かわいい」とは言わなくなります。**

「自分って、別にかわいくなかったのか……」という現実に直面するわけですね。

こうして、年齢が上がるにつれて、人間の自己肯定感は下がっていきます。

承認欲求と心の穴

こうして誰しも成長するにつれて自己肯定感が下がっていくわけなのですが、**幼少期にまともな親からちゃんと愛されて育ったという人は、精神的に安定しています。**

成長の過程で承認欲求が芽生えるのは当然のこととして、それが必要以上に肥大化することがないんですね。

なぜかというと、**すでに承認されている人は「これ以上、他人から認めてもらう必要はない」という状態になるからです。**近くにいる親や兄弟、先生などがちゃんと自分と向き合い認めてくれている、というような場合はそうなります。

ところが、家庭の状況もそれぞれですし、学校の教師がトンデモな人だったりして、自分を承認してくれないどころか全否定してくるような大人しか周囲にいないという場合、「もう誰でもいいから、自分を認めてほしい！」という状況に陥ってしまう可能性があります。

結果的に、恋人や友人、場合によっては知り合いにまで、ひたすら「自分を認めてほしい」「愛してほしい」と要求してしまう大人に育つのですが、その穴というのはかなり深いもので、なかなか埋められません。

というのも、喪失感の根っこの部分には、「本当はお父さんに認めてほしかった」というような本音が隠れていたりするからです。そういう場合、仮に恋人に大事にしてもらえたところで、そう簡単には穴が埋まらないのですね。

こうなると、「承認欲求モンスター」と化してしまいます。

最初の穴の埋め方を間違えると、認めてくれる相手を求め続けるループが終わらなくなるのです。

底なし沼から抜け出す方法

こう書くと、「承認欲求というのは、ある種の底なし沼。ハマったら一巻の終わり」と考える人もいると思います。

でも、そんなこともないのではないかと思うのですね。

僕自身は、ほとんど承認欲求がないような状態のまま大人になったので、正直なところ「承認欲求の永久ループ」を断ち切る方法というのは実感としてよくわかりません。でも、まわりで承認欲求のループから抜け出せているような人もいる気がするのです。

「自分事」ではないので正解かどうかはわからないですが、彼らを見て感じるのは、承認欲求のループから抜け出すには、思い切って環境を変えてみるのも有効なのではないか、ということ。

そもそも承認欲求をもってしまうのは、比較の対象がいるからだと思います。

なので、たとえば、知り合いが誰もいないコミュニティにひとりで飛び込んでみる。勉強ができる兄弟ばかりが親から褒められるとか、容姿のすぐれた友人ばかりが異性からチヤホヤされる、ということで劣等感を抱くのは、「あの人はこうなのに、自分は……」と、自分と他人を比べてしまうからです。

その反動で、「自分も認められたい」という欲望が肥大化してしまうわけですが、**比較の対象がいなくなった場合、そういう悩みからも解放されます。**

誰も自分のことを知らないし、関心ももっていないのだから、承認なんてされなくて当然だよね、という状況に身を置く。完全にゼロベースの状態です。

そこで生活しながら、コンビニの店員さんと顔見知りになるとか、定食屋さんのお母さんと雑談を交わす間柄になるとか、少しずつ知り合いを増やしていくといいのではないかと。

承認欲求が頭をもたげないような環境のなかで、自分の居場所を見つけていくことが第一歩だと思います。

自分は自分、他人は他人

ここまで、承認欲求について話してきました。

もはや人間の性《さが》だということなのかもしれませんが、他人と自分を比べてしまう、ということをどうしてもやめられない人は少なくないのですね。

すでに書いたように、僕なんかは優秀な人の話を聞いても、「すげえ」と思うだけなのですが、**「自分は自分、他人《ひと》は他人」とドライに考えられない人が、世の中には一定数いるようです。**

たとえば、他人に対して嫉妬する人たちがいます。

ビジネスがうまくいってお金持ちになったとか、すごく美人なうえに仕事もプライベートも充実しているとか、いわゆる「成功した人」たちというのは必ず悪口を言われます。ヤフーニュースのコメント欄を見ても一目瞭然ですよね。

僕の知る限り、例外は乙武洋匡さんくらいでした。

「手も足も出ない人」に対して悪口を言うのはさすがに人としてどうなの？　という空気もあって聖域化していたようなのですが、五体不満足なのに、実は大満足していた部分があったことが発覚してからは、乙武さんも心置きなく叩かれるようになりました。

というわけで、社会で何かしらのポジションをとった人、いわゆる成功者や有名人は、必ずアンチの人たちから石をぶつけられるのです。

人生で幸せになろうと思うのであれば、他人から何を言われようと「自分は自分、他人は他人」と割り切って生きるのがいい。

妬《ねた》んでしまう人たちというのは、他人と自分を比較することをやめられず、人生の貴重な時間をドブに捨てている残念な人たちです。

たとえ悪口を言われたとしても、華麗にスルーしてください。

悪口に腹を立てるのはどうしてか

「悪口を言われるのは、他人から妬まれているからだ」と認識すれば、いちいち反応するのもアホらしい、時間の無駄だと思えるようになるはずです。それは、ある意味で自分が他人からうらやましがられるような存在であるということですからね。

ちなみに、**僕はどんな罵詈《ばり》雑言《ぞうごん》を浴びせられても別にイライラしません。**たとえ、道端で赤の他人にからかわれても、怒らないと思うのですね。

急に絡まれるとしたら、僕の場合は、「鼻、でかくない？」とか「唇が分厚いよね」みたいなことを言われる感じになるのでしょうけど、そんなことは自分でもわかっていることなので、嫌な気持ちになんてまったくなりません。

むしろ、「この人は、なぜわざわざそれを僕に伝えようと思ったんだろう？」と好奇心が湧いてしまい、怒るどころか、「君、誰だっけ？」とか「どうしたの？」とか言いながら、ニヤニヤとその人に付きまとってしまうような気がします。

ちょっと脱線してしまいましたが、**何かを言われて腹を立てるというのは、自分が指摘されたくないことを言われたときだと思うのです。**

どうでもいい相手に悪口を言われたところでノーダメージですが、それでも何か言われて腹が立ったのであれば、「自分のコンプレックスを認識するいい機会になったな」程度に思っておけばいいのではないでしょうか。

非常にゆるいアドバイスで、ちょっと申し訳ないのですが、少なくとも自分ではそうとらえているような気がしているのです。

フォロワーたちの正体

SNSで、たくさんの「いいね！」やコメント、フォロワーがついている人に対して「リア充っぽくてうらやましい」と憧れる人は少なくないと思います。

「いいね数」が多いと幸せ、と感じる人がいることは事実ですし、その価値観を否定するつもりはまったくありません。

たとえば、芸能人を目指しているような人であれば、「１００万人にフォローしてもらい、自分の存在をアピールしたい。それが達成できたら、めちゃくちゃ幸せ！」ということもあるでしょう。

芸人のアンジャッシュ・渡部《わたべ》建《けん》さんという、多目的なスペースで多目的な活動をされていた方というのが、わりと好感度も高くてファンも多い人気者でしたが、スキャンダルが明るみに出た途端、多少のファンは残ったかもしれませんけど、ほとんどの人が手のひら返しをしました。

つまり、**どんなに「いいね数」が多くても、自分が本当に困ったときに助けてくれる人がたくさんいるとは限らないのです**。だって、それとこれとはまったく関係ない話なのですから。

それがわかったうえで、「それでも、１００万人に認められたい」と思うのは自由です。それが正しいとか間違っているということはありません。

人生の目的や価値観は人それぞれですから、それぞれが「欲しい」と思うものを追求すればいいと思うのですが、**その判断基準は自分でもつようにしてください**。

幸せの基準を他人との比較に置いている限り、幸せにはなれないと僕は思います。

相手のいいところだけ見る

どんなに親しい相手であっても、**他人と完全にわかりあうことは難しいです。**

理解しあえるはずだと思い込んでいるだけ。

自分と限りなく近い考えや価値観をもった他人もいるとは思いますが、だからといって「どうして自分の言うことをわかってくれないのだろう」などと悲しんだり、怒ったりするだけ無意味です。

だって、あなたと相手は別の人間なのですから。

100パーセント同じ考えや価値観をもつ人を探すことなんて絶対に無理。よしんばクローン人間がいたとしても無理だと思います。

だから、近い考えや価値観の人と一緒にいたりする人も多いですが、それでも長いこと一緒にいると、相手の欠点にばかり目が向きがちです。体臭が気になるとか、死んだ魚みたいな目をしているとか、頭にタオルを巻いていて気持ち悪いとか……。

もちろんこれは架空の事例ですけど、気に食わない部分なんて、人間、探せばいくらでも出てきます。

でもそうではなくて、「この人のこういうところがいいよね」という部分を意識的に見るようにするだけで、けっこう一緒にいられるものなんですね。

夫婦だってそうです。

結婚相手の顔が年をとってなんだかブサイクになってきたな、髪も薄くなってきたなと思ったとしても、そんなことはお互いさま。

ひとたび魚っぽく見えた顔が、超美人に見えるなんてこともほとんどありません。だからといって、「喋り方が無理になってきた」「価値観もズレている」などと、相手の残念なところばかり凝視していたら、それは大変つらいことになります。

そうではなく、**相手のいい面だけを見るようにしたらいい。**

相互理解が大事だとか、寛容の精神をもちましょうとかいう理想論みたいな話をするつもりは毛頭ないです。**単純に「自分は自分、他人は他人」と考えると気がラクに**

なるというだけです。

どんなに親しくてもしょせんは違う人間。相手に依存せず、もっとゆるくつきあっていけばいいのです。

栓抜きはいらなくなかった

自分以外の人は、当たり前ですが別の個性をもった人間です。

自分とは違っていて当然なんだという事実を受け入れましょう。

つまり、**違う考えをもっているし、違う能力をもっているし、違う行動パターンがあるのだということです**。

かく言う僕にも、失敗経験があったりします。

皆さんはすでにご存知だと思いますが、僕は「ほかの人ができることだったら、きっと自分にもできるはず!」と信じて突っ走ってしまう傾向があります。

アメリカの大学に留学していたときの話です。

友達が瓶ビールのフタを自分の歯で開ける、というのをやっていたのですが、それを見て「なんだ、もう栓抜きなんかいらないじゃん、超便利！」とすごく嬉しくなって、**さっそく真似をして、見事に歯が欠けました**。

「人にできることだからといって、自分も必ずできるというわけではないよね」ということを、そのときに身をもって学んだのですね。

歯が欠けた程度だから致命傷ではないですが、「自分は自分、他人は他人」であるという現実に気づかされた瞬間でもありました。

ちょっとトンデモな事例でしたが、この本を読める年齢の人であれば、他人ができて自分ができないことを目《ま》の当たりにする経験をしていると思います。

ただ、それを認識しようとしていない人は少なくありません。そういう意味では、過去を思い返して、「自分と他人は、実はぜんぜん違う」ということを意識してみるのはアリなのかもしれません。

開き直る

　ここまで、コミュニケーションの本質や、意識しておくことで少しは気がラクになるかもしれない、対人関係のコツなどについて書いてきました。

　たとえ**コミュ力に自信がなくても、自分を卑下するのはやめましょう**。

　真面目な人というのは、「こうあらねばならない」みたいなことに執着しがちなのですが、むしろ、「自分はこんな感じの人間なんだけど、別にそれでもいいよね」と開き直ったほうが、ずっと自然な人間関係を築けるようになると思います。

「なんとなく、自分が周囲から浮いているような気がする」という悩みも、僕にしてみれば何が問題なのかさっぱりわかりません。

他人と違うことは強み

他人と違っているところがあるとか、ちょっと風変わりだとかいうのは、アメリカやヨーロッパなどの欧米の文化圏では、むしろ評価されます。

あちらの人たちは、「ユニークである」ということ、つまり他人と違う価値観や特性をもつことというのが、生きていくうえですごく重要なことだと認識しているのですね。

「周囲と同じであれ」「和を乱すな」というのは、アジアで尊重されている価値観のひとつにすぎません。

アジアよりも欧米の考え方が正しい、ということが言いたいわけではなく、環境によって「これをすべきである」「こうあるべきである」という価値観はガラッと変わるので、今、置かれている場にうまくなじめなかったとしても、頭を悩ませる必要はまったくないことを知ってほしいと思います。

そんなことで悩んでいても、時間の無駄でしかないからです。

まわりの人とうまく関われないというのも、気にしすぎるのはよくありません。うまくやろうとして必死になったところで、つらくなるだけです。

そして、自分が幸せではない人は、他人の幸せを喜ぶことが難しくなります。先ほども書きましたが、成功している人、楽しそうな人を見るとムカついて、その人を叩くことがあります。「自分はこんなにつらく苦しいのに、どうしてあいつらは……」という残念な思考に陥るのです。

仮想敵をつくると安心する、というのは人間にはよくあることです。

2000年代前半、「本や雑誌が売れないのはインターネットのせいだ」と出版業界の人が会議などで文句を言っていたそうです。ちょっと前まで「ユーチューブがあるから、誰もテレビを見なくなったんだ」と怒っていたテレビ業界の人もいます。

そうやって誰かを叩くことで安心をして団結する。無駄でしかないですよね。

それであれば、「インターネットは道具なんだから、うまく利用して乗っかろう！」と考えるほうが合理的だし、そう考えて動いた人から先に幸せになっていきます。

残念な人たちは、負の感情を他人にぶつけるという非生産的な行動をとっているうちに、ますます幸せが遠のいていく。

その一方で、すでに幸せな人は、成功して幸せそうにしている人に遭遇すると、「なるほど、こういうことをやれば成功できるんだな。**人生楽勝じゃん、真似しよう！」とプラスにとらえて、人生がさらに楽しくなっていくのです。**

穴のない理論

突然ですが、「地球は今から5分前にできました」と言われたら、どう思いますか？

唐突すぎて恐縮なのですが、僕はこれを自信満々に説明することで、目の前にいる人を説得できる自信があるのですね。

どういうことでしょうか。

当然ながら、ほとんどの人は「5分前に地球ができたわけないじゃん」とびっくりして、その理由を挙げると思います。

ところが、僕はすべてに対して説明ができる。

たとえば「だって、恐竜の化石が残っているじゃないか」「何万光年も離れたところにある星の光が見えているじゃないか」といった反論に対して、僕は「恐竜の化石も、5分前につくられたものです」「星の光も、そういうふうに見えるように5分前につくられました」と一つひとつ答えていきます。

「あらゆる現象は、すべて5分前につくられました」という設定を自信満々に押し通すことで、それがいかに事実に反していそうな内容であろうと、一貫した説明ができるのですね。

こうした「穴のない理論」をひたすら主張する人を否定するのは困難です。

「この世に神様は存在します」という考え方（というか、信仰）も同様です。

ある程度、科学的に思考する人というのは、一般的に「神様って存在しないよね」ということを言うのですが、信仰がある人は迷いなく、そして自信満々に「神様はいるよ！」と断言します。

そこで、「本当に存在すると言うなら、神様がいる証拠を見せてよ」と追及したところで、「神様は超越的な存在だから、意図的にしるしを残さないんだよね」というような説明をされれば、それ以上の議論は不可能でしょう。

動じないひろゆきの思考法

それと似ていて、周囲からどれだけ叩かれようと、僕は動じません。

なぜなら、僕は自分が喋っていることが間違っていないと信じているから。

もちろん、知らなかったことを教えてもらって「なるほど、そういうことなのね」と考え方が変わることもあります。でも、**基本的には「自分は正しいことを言っているのだから、それを理解できないというのは、その人の頭が悪い」と僕は思っているのですね。**

「自分は正しい」そして「周囲が間違っている」。

これは、狂信者の人によく見られる心理状態ともいえるのですが、どちらかというと、僕はそういう「頭のおかしな人マインド」をもっているのかもしれません。

「ひろゆきは、揚げ足をとりながら言い訳を繰り返しているにすぎない」と言われることもありますが、揺るぎない自信があるので、たとえ相手が納得してくれなかったとしても、「それはその人の考えだから仕方ないよね」という感じで、まったく気にならないのです。

ユーチューブのスパチャ（投げ銭をして、自分が投稿したメッセージを目立たせる機能）で、「ひろゆきは、自分を貫き通すメンタルをどうやって鍛えたの？」というような質問を受けることもありますが、**当然ながら、特別な訓練なんて何もしていません**。

たとえばですが、「醤油とソース、目玉焼きにかけるとしたらどっち？」というテーマで醤油をかける派とソースをかける派が話をしたところで、「あなたはそっちが好きなんですね。ふーん」となるだけですよね。

それとまったく同じことで、他人が自分の言っていることを理解してくれなかったとしても、別にそれがマイナス要素にもなることはないし、自分が間違っているとも思わない。

だから、ストレスも何もたまりようがないのです。

ひろゆきはどうしてひろゆきになれたのか

狂信者なみの強靭《きょうじん》なマインドをもつ僕ですが、これほどまでに自由になってしまった要因はなんなのか。

おそらく、まともな教育を受けなかったためではないかと思います。

さらには、おそらく遺伝的要素も強いです。

僕の父親は北海道出身なので、わりと放任主義な人でした。

北海道は広大ですから、子供のやることにいちいち構っていられないというのもあったのでしょうけど、子育て方針に関しては「勝手に、たくましく生きていけ」というタイプ。

長くなるのでかいつまんで話しますが、僕は高校時代に補導されたことがあります。

夜中に友達と歩いていたら、自転車で2人乗りをしていたヤツが派出所の前でおまわりさんに呼び止められてしまい、お人好しな僕は彼らにつきあって3人で捕まりました。逃げたヤツもいましたが……。

で、そこでひと悶着があって、結果的に僕がおまわりさんを激ギレさせてしまい、派出所から警察署に連れていかれることになりました。

そこで、僕ら3人の親が警察署に呼び出される始末になったのですが、**ほかのお父さんたちはおまわりさんに頭を下げているのに、僕の父親だけはなぜかニヤニヤしているんですね。**

「ひろゆき、相変わらずこういうことやっているのね」「うん、補導ね。はい」とか言いながら、書類の署名欄にサインをしています。

息子がおまわりさんに捕まっていても、ずっとニヤニヤしているような親父なのですね。

僕がたいていニヤニヤしているのは、おそらくこの親父譲りでしょう。

なんらかの教育を受けたことでこうなった、というわけでなく、あえて言えば、親からも学校からもまともに教育を受けていないから、結果的にこうなったということではないかという気がします。

第 3 章

人とうまくつきあう

好かれるテクニック

生きていくうえで役に立つスキルとして、資格だとか語学だとかを上回るのではないかと思われるのが、「人に好かれる」能力です。

「こいつ、なんだかいいヤツだな」「憎めないな」と気に入ってもらえるだけで、居場所ができたり、仕事をゲットできたり、仕事ができなくても必要とされたり、とにかくかなりお得な人生を享受《きょうじゅ》することができるようになります。

人に好かれるためには、何も根っからの「真面目でいい人」になる必要はありません。

要は、結果的に人から好かれればいいだけなのです。

なので、努力していい人を演じなくていい。そんなことをしようものなら、どこかで無理が出てきて、最悪の場合、いい人とは真逆の印象をもたれてしまう可能性すらあると思うのです。

また、あとで書きますが**「いい人キャラ」認定されてしまうと、それはそれでけっこうリスクを背負い込むことだったりします。**

実際、人から好意をもたれるコツとしてシンプルなものがたくさんあるので、いくつか見ていきましょう。

「人は見た目が9割」

『人は見た目が9割』（新潮社）という書籍が、数年前にヒットして話題になりました。

見た目はもちろんのこと、人間は素振りや立ち居振る舞いなどといった、表面的な部分で相手を判断しがちだといわれています。

ですので、**第一印象がいい人というのは、それだけでかなり得をすることになりま**

す。しかも、第一印象を良くすることというのは、そんなに苦労しないでもできることだったりするので、やってみて損はないと思っています。

まずは笑顔について。

いつもニコニコしている人というのは、比較的「ルックスがいい人」認定されやすいみたいです。

実際にはそれほど顔が整っているわけでなくても、美人やイケメンであるかのように認識されがちである、ということですね。

どういうことかというと、ニコニコしている人というのは「笑顔」の印象が先行するので、実際の顔の造作がよくわからなくなってしまうのではないかと思うのです。

そのうえ、笑顔を向けられて不快に感じる人は少ないので、いい印象をもってもらえる可能性が高くなります。

清潔感が大事、というのもよく言われることですよね。

「ひろゆきに言われたくない」という声も聞こえてきそうなのですが、**髪型を変えるだけで、印象の1～2割くらいが変わり、相手はけっこうダマされます。**

自分が「センスがよさそうだな」と思えるヘアサロンに行って、美容師さんにヘアスタイルを完全にお任せしてみる。

ただし、欲張りすぎて「上戸彩みたいにしてください」とか「菅田将暉みたいになりたいです」とか言うのはやめたほうがいいです。そもそも顔も体型も違うのに、髪型だけ完全コピーしたところで、残念な結果にしかなりません。

芸能人なんて、学校内でもトップクラスの美男美女みたいな人たちが集まったなかから、さらに選ばれている人たちです。そんな人の真似をしてもだいたいの場合は、痛い目にあいます。

素直そうな人は得をする

加えて、素直そうな人は好かれます。

素直そうであればよくて、**実際に素直な性格であるかどうかは関係ありません。**

しかも、相手に素直そうな印象を与えることは、驚くほど簡単です。

どうすればいいのかと言えば、**「相手に何か言われたときに言い返さない」という**
ことをとりあえず徹底すればいいだけです。

何か言われたら、ひとまず「はい！」と答えて、相手の話をよく聞く。あるいは聞いているフリをする。

自分が喋り始めるときに、「でも」とか「そうじゃなくて」と頭につけるのが癖になってしまっている人は、言わないように気をつける。

ちょっと納得いかないことがあっても、のちのち軌道修正していけばいいので、**とりあえずは「はい」で通しましょう。**普段から素直に「はい」と言う人であれば、あとで軌道修正をするときも、けっこう耳を傾けてもらいやすくなるものです。

でも、あまりに理不尽なことに対してはちゃんとノーと言ってください。

少し考えればわかることだとは思いますが、素直であることと言いなりになることはまったく違います。言いなりになるだけの単なるイエスマンになってしまっては、舐められ、こき使われて終わるだけです。

それはさておき、このあたりの入門編的なことを実践するだけで、おそらくほとんどの人は印象の3～4割が変わるはずです。

一緒にいる相手を好きになる

第一印象を良くすることのほかにも、手軽に好きになってもらえるコツはあります。

それは、**相手の人に何度も会って、なるべく長い時間を一緒に過ごすことです。**

人間の脳というのは、頻繁《ひんぱん》に会い、一緒に過ごした時間が長い相手であればあるほど親近感を覚えやすいという単純なシステムをもっているらしいのですね。

これは「単純接触効果」と呼ばれていますが、人間の脳内に起きる一種のバグのようなものがあります。

目の前にいる相手が「実際にちゃんと正しいことを言っていて、信用できる相手かどうか」などというのは、本来であれば、いくつかの判断材料がないとわからないことです。

それにもかかわらず、**人間は何度か雑談した相手に対しては勝手に親近感をもち、「仲良くなったから、この人は信用できる！」と思い込んでしまったりするのです。**

これは3分間しか話したことのない人よりも、3時間話したことがある人のほうを信用してしまうという単純なシステムで、たとえば非常に適当なことを言う友達と話していても、3時間くらい雑談しているうちに「あれっ、この人の言っていることって正しいのかも」と思い込んでしまう。

たとえジェフ・ベゾスと数分間だけ話したことがあったとしても、「なんだか、友達のほうが信用できるよね！」などと思い込んでしまう可能性すらあるのです。

とんでもない脳内バグですよね。

黄色いパーカーを着て、ビールを飲みながらユーチューブでダラダラと喋り続けている40代半ばのオジサンもいますが、そういう人の生配信をダラダラと見続けているうちに勝手に親近感を覚えてしまう、ということもあり得ます。

「よく見慣れているこの人が言っていることなので、正しいんじゃないの？」と、勝手に思い込んでしまう、ということが起こりがちなわけです。

だったら、そのバグを逆手にとってうまく利用すればいいだけのこと。

相手となるべくたくさん会うようにして、ひたすら延々とどうでもいい雑談をしてみれば、好きになってもらえる確率は上がりますよ、という話です。

好意や悪意は返ってくる

人と会うときには笑顔でいるとお得ですよ、という話を先ほどしました。

笑顔でいると、相手に良い印象を与えられるだけでなく、その人に対する好意を簡単に伝えられるというメリットもあります。

人間は、ニコニコと笑顔を浮かべて近づいてくる相手に対して、自分に敵意を抱いていない、むしろ好意をもってくれているのだと勘違いしてしまいがちな生き物です。

そして、**自分に好意をもってくれていると思われる相手に対しては、好意を返そうとする単純な人が圧倒的に多い。**

言い換えると、好意をもって近づいてきているっぽい相手を嫌いになるのは、なかなか難しいことなのですね。なので、少なくとも「自分が他人を好きになる」ということを先にやってみるといいと思います。

そんなことを言いつつも、どうしても好きになれない相手もいますよね。**僕は人を好きになれないこと自体はぜんぜん悪いことだとは思っていません。**

バカな人のことを「うわ、バカだなあ……」と思ってしまうのは仕方のないことですし、実際、僕は真正のバカを相手にしたときにそう思ってしまいます。

ただ、それが相手に伝わってしまうような態度をとるのはよくないです。

なぜなら、見下していることがバレたら、その相手からは間違いなく嫌われてしまうから。

仮にバカにしている態度が出てしまっても、ニコニコしながら話すと意外とネタとして受け止めてもらえたりします。実際に、僕はネット上で人を見下すような発言をすることもあると思うのですが、ニコニコと話しているのでネタとして笑ってくれる人も少なくないと思うのですね。

相手に負の感情を抱いてしまうこと自体は、不可抗力によるところも大きいと思いますし、仕方ないことなのですが、そういう本心が相手に伝わらないようにするための立ち居振る舞い、つまり演技力は大事だと思います。

ちなみに、完全に余談ですし、参考にもならない話で申し訳ないのですが、僕は他人から褒められてもぜんぜん嬉しくありません。

「ひろゆきさんって優秀ですね」「頭がいいですね」と褒めてもらうのはありがたいことなのかもしれないけど、正直、自分自身で「うん、もう知ってる！」と思うだけで、他人の評価なんてどうでもいいなあ、というのが本音だったりします。

それどころか、**やたらと褒めてくる人がいると、僕は身構えてしまいます。**

なぜかというと、相手を褒めることで自分のメリットを得ようとしている人ほど、他人を褒めがちだから。

海外旅行をしているときに、「私は、日本人が大好きです！」「日本っていいよね！」などと愛想よく声をかけてくるヤツって、だいたいぼったくりだったりしますよね。

あれと同じです。

わざとらしいことをすると逆効果になることもあると思いますので、気をつけましょう。

キャラについて知る

この世の中は、「すべての人は、生まれながらにして平等であるべき」という理念のもとに成り立っているように見えますが、**現実において人は平等ではありません。**

たとえば、同じことをやっても、許されてしまう人と許されない人がいます。

愛されキャラのAさんが発言したときは、ジョークとして受けとめられて場が和んだのに、コミュ障気味なBさんが同じことを言ったら場が凍りついた……というようなことも多々あると思います。

なんでそうなるのかというと単純明快、AさんとBさんでは「キャラ」が違うからです。

キャラは、人徳と言い換えてもいいかもしれません。

同じ言動をとっていても、受け入れてもらえる人とそうでない人がいます。好意をもたれる人もいれば、嫌悪感を抱かれる人もいる。残酷なようですが、これが社会の現実です。

キャラというのは、生まれもった天性によるところが大きいので、無理して演じようとしてもおかしなことになるだけ。**演技はおすすめできません。**

ただ、どういうキャラが得をしやすいのか、どういうキャラが損をしやすいのか、といったことを「傾向」として知っておくことに損はないと思います。

不平等な社会のリアル

世の中には、当たり前のように不平等が存在します。

経済的に裕福だったり、まともな感覚をもっていたりする親のもとに生まれた人と、経済的に困窮していて、精神的・肉体的DVを繰り返すような親のもとに生まれた人とでは、生きやすさに大きな差が生まれます。

見た目における格差もはっきり存在しますよね。

これは完全に僕の独断的な主観なのですが、美人のほうが「メンヘラ」になってしまう確率が高いような気がしています。

外見がよくない場合、自分の内面をかえりみない限り誰からも相手にされなくなるので、「このままじゃ駄目だ」と態度を改める機会が多くなりがちなのですが、美人だとルックスに惹かれた新しい相手が次々に現れるので、自分のメンヘラぶりを内省する機会を逸してしまうんじゃないかと思うのです。

完全に、僕の勝手な憶測ではありますが。

それと同じで、人はもって生まれたキャラのおかげで得をする人もいれば損をする人もいます。

几帳面で仕事をきっちりこなすのに、なぜか感謝されないという人もいれば、仕事が雑でツメも甘いのに、ミスをしても周囲から笑顔でフォローしてもらえる人もいる。職場の仲間との飲み会に誘われやすい人もいれば、ぜんぜん声をかけられないという人もいます。

なぜか、キャラによってあからさまに扱われ方が変わってくるのですね。

では、どんなキャラが好かれやすいのか。あるいは嫌われやすいのか。

このあたりを分析してみると、ちょっとしたパターンが見えてきます。

泣き上戸の徳光さん

感情をきちんとコントロールできる人と感情をあらわにしてしまう人、どちらが好かれやすいのでしょうか。

感情をコントロールできない人というのは面倒くさそうな気もしますが、場合によっては、**感情をコントロールできない人のほうが好かれやすいこともあります。**

芸能界で生き残っているタレントさんなどを見ると、だいたい感情をあらわにするうな人。

（あるいはそのように見せている）人たちです。

たとえば、悲しい映像が流れているとき、感情移入してすぐに涙を流してしまうような人。

VTRが流れて、スタジオにいる出演者の人たちの顔がワイプで抜かれるというような演出が、バラエティ番組などではよくあると思います。

このとき、平然と同じ表情で眺めている人と、目をウルウルさせている人がいますが、感情をコントロールせずに悲しさや感動をあらわにしている人のほうが、視聴者からの人気が出やすいです。

よく泣いている、司会者の徳光和夫さんなどはその典型かもしれません。

視聴者は、涙を流している姿を見て、「あ、この人とは悲しさを共有できる」なんて思い、もらい泣きしてしまったりして、ある種の親近感を覚えます。なので、悲しいVTRを見ても動じない人の好感度は上がりにくいのです。

だから、感情に蓋《ふた》をしすぎないということは大事なんだと思います。

とはいっても、感情的じゃないから嫌われる、ということもないので安心してください。

僕も、基本的には「怒る」という感情表現をほとんどしない人間ですが、それによって嫌われている感じもありません。

ちなみに、**人と衝突するようなことがあったとき、僕は怒るよりも「諦める」という感情が先にくるタイプです**。

その結果、相手から好かれようが嫌われようがどうでもよくて、気にしたこともないのですが。

無能ポジションはおいしい

無能なのに会社をクビにならないという人はけっこういます。むしろ、そういう人が組織のなかで重宝されていたりします。

仕事を頼んでもすぐミスをするんだけど、なぜか「まあ、仕方ないよね」と許されてしまう。

優秀だけど性格に難があるという人は、社内外で揉め事を起こして追い出されてしまうことも多いのですが、**無能なのになんとなく好かれていて、ずっと居場所があるという人は、わりとどこの組織にもいます。**

人間というのは社会的な生き物なので、組織における自分のポジションを気にしがちで、とくに優秀な人は、それにふさわしいポジションに執着する傾向があります。

そうやってポジション争いに固執する人たちが、上のほうに立てるのはなぜか。

それは、自分より無能な人がいてくれるおかげなのですね。

無能な人がいてくれることで、相対的に、自分が有能であるかのように見えるというだけです。

さらに、そこそこ能力はあるのに出世できないというような人にしてみれば、自分よりさらにポジションが下の人がいることで、劣等感を抱かずに安心して仕事ができるという状況が生まれます。

結果的には、ポジション争いに加わる余地もないような無能な人というのがいたほうが、組織としてはうまく回っていくという構造があったりします。

さらに言うと、仕事ができるわけではないけれど「なぜか好かれる人」というのは、食いっぱぐれることが少ないです。

どうせ毎日顔を合わせるのであれば、一緒にいて気分がいい人と一緒に仕事をしたほうが、会社に通うのが楽しくなりますよね。

組織のなかでは意外に大事にされる存在なので、**「無能な人キャラ」というのは、けっこうおいしいポジションだと思います。**

仕事をすると嫌われる

「仕事ができる＝好感度が高くなる」というわけではない、ということについては、別の角度からも見て取れたりします。

好感度が高いというのは、日本においてはマイナスがない（＝嫌われる要素がない）人であることが多いです。

果敢に何かに取り組む人ではなくて、むしろ新しいことにチャレンジしない人、もっと言えば、仕事をしない人はプラスがないけれどマイナスもない。つまり人畜無害なので、結果として好かれたりします。

政治家の小泉進次郎さんという人がいます。

お父さんは小泉純一郎さんという元総理大臣ですが、イケメンでハキハキ喋る進次郎さんは、一議員だったときはめちゃくちゃ好感度が高くて人気者だったのですね。

だから、何かすごく優秀な人のように思われていたのですが、**実際に環境大臣になってみたら、びっくりするくらい無能だということが判明してしまいました。**

気候変動問題に対しても、セクシーに取り組もうと意気込んでいたようなのですが、国連の気候変動サミットで「では、今後どうやって石炭火力を削減していくのですか？」と海外の記者から問われたとき、無言になってしまいました。

火力発電を減らすのならば、代替エネルギーをどうするか、普通は考えているものですよね……。原発を止めたままで火力も減らすためには、どんな方法があるだろうか、と。

たとえば、「水素燃料や再生エネルギーをどうやって活用していくか」というビジョンについて話すこともできたでしょうし、そもそも自分でわからないことは官僚や専門家にヒアリングして意見を吸い上げたり、優秀なコンサルタントをつけてブレーンにしたりということもできたはずです。

ところが、**進次郎さんは黙り込んでしまいました。**

そして、「この人、どうして今まで好感度が高いキャラでいられたんだろう？」「けっこうヤバい人だったのでは？」と、世間をザワつかせることになったのです。

河野《こうの》太郎さんが行政改革担当大臣をしていたときも、「仕事をすると嫌われる」構図が浮かび上がりました。

河野さんは、行政手続きの押印の9割以上を廃止して「ハンコの慣習を見直す」ことで、仕事の効率化を推進した人です。

そうしたら、ハンコ業界から嫌われてしまい、「ハンコ文化を守りたい！」という議員連盟なんかもできたりして、そこの議員たちからもめちゃくちゃ嫌われました。

日本では、仕事をする人は嫌われて、仕事をしない人の好感度が高くなるので、もしも韓国みたいに直接選挙で国のトップを決めようとしたら、**いちばん仕事をしてこなかった人が選ばれることになっちゃう可能性はあると思います。**

いい人キャラはしんどい

人に好かれるためには、別にいい人になる必要はない。無理してキャラを演じるのはおすすめしません、というのはすでにお話ししたとおりです。

笑顔を心がけるとか、ちゃんと挨拶をするとか、そのレベルであれば無理なくできて得しかないのでどんどんやったほうがいいと思うのですが、力技でのキャラ変更はそのうちしんどくなってくるので、長続きしません。

繰り返しになりますが、いい人であり続けようとするのは不可能です。

時間とか心の余裕というのはお金と同じで、実は有限なのですね。

これは極論ですが、困っている人に手を差し伸べ続けることができるのか？　今、手助けしている人のほかに、もっと困っている人が１００人、２００人と現れたとして、同じことをやり続けられるのか？

当然ながら、どこかで「これ以上はもう、無理っす」という限界が訪れるはずです。

さらにしんどいことに、それまでやっていたことが途中からできなくなると、「あいつは変わった」「本性はこうだったのね」と手のひら返しされて、「だから信用できない」と叩かれるという、悲しいオチが待ち受けていたりします。

一方で、最初から「俺は超クズです！」と言っているような人は、そもそも誰からも期待されていない状態なので、何かが暴露されて炎上することもなく、普通の人間関係が続いていくだけ。

タレントのベッキーさんやアンジャッシュの渡部さんが、犯罪者でもないのにあれほどまでに叩かれたのも、「もともと好感度が高いキャラ」だったからです。

芸人さんの、安田大サーカス・クロちゃんみたいな「クズキャラ」だったら、あそこまで炎上しません。

僕が立ちションしたところで、大してマイナスイメージにはならないけれど、老若男女に人気のあるHIKAKIN《ヒカキン》さんが同じことをしたら、そこそこ炎上してしまうでしょう。それと同じ構図です。

少し脱線しましたが、**いい人になろうと自分を偽《いつわ》るのはナンセンスです**。それをしなくても、人間関係というのは普通に築けるものだったりするのです。

コスパのいい行動をとる

ここまで、「キャラ」のパターンについて見てきましたが、下手にキャラを演じようとしても失敗するのでおすすめしません、という話をしました。

ただ、**要領がよくないために損をしてしまう人は、もう少し打算的に行動することを意識してもいいんじゃないかと思います**。

打算的に何かをするというと、どうしても「腹黒い人」みたいなイメージが先行してしまうかもしれないですが、ある程度、合理的な行動パターンをとることで、無駄な苦労をせずに済んだり、他人ともつきあいやすくなったりというメリットが得られる側面もあると思います。

つまり、**コスパのいい行動をとることを意識する、ということです。**

感情だけで動いていると、失敗が多くなります。感情は基本的に合理性に欠けるからです。

感情をいったん脇に置いて合理性を優先させてみると、結果的に人との関係がスムーズになって、やりたいことがうまく前に進められるようになったりすると思うのですよ。

仕事で怒られないための裏ワザ

誰しも、「仕事で怒られるのは嫌だな」と思いますよね。実は、仕事で怒られないコツというものがあります。

それは、**怒られそうな場合には、前もって相談してしまうことです。**

たとえば、クライアントに提出する報告書に間違いがあったら、当然ながら怒られますよね。

なので、ちょっと前の段階で上司や先輩などに「クライアントにこれを出そうと思っているんですが、大丈夫ですか?」と報告書を見せてしまいましょう。

アウトプットを直接クライアントに渡すのではなくて、その前に誰かに中身を確認してもらうというプロセスを必ず挟む。そうすることで、仮にミスがあったところで「あのとき指摘してくれなかったんだから、俺だけが悪いわけじゃないよね」という状況が生まれますよね。

つまり、**前もって上司と共犯関係をつくっておけば、「俺があのときOK出してたんだよな」ということで怒られにくくなります**。

俗にいう、言質《げんち》を取るということですね。

もちろん、ミスがあったらクライアントには怒られるかもしれませんが、少なくとも社内の人からは責められなくなる。

だから、**怒られたくない人にさっさと中身を見せてしまうことです**。面倒な相手ほど、早めの段階で自分の側に巻き込んでおくと、怒られる回数はかなり減ります。

その一方で、適切なタイミングでアウトプットを見せず、自分だけで抱え込んでしまうタイプの人は、ドツボにはまって怒られやすくなります。

ミスしたらとりあえず謝る

頭のいい人というのは、条件反射的に「怒られたくない」「怒られないために、こう説明しておこう」というふうに頭が回るので、何かミスを指摘されたときに、つい言い訳が出てしまいがちです。

その場を切り抜けて、そのまま丸く収まれば「怒られないで済んだ。得したな」ということで何も悪いことはないと思うのですが、あとで辻褄が合わなくなり、嘘がバレて余計に詰められる、という場合もあるはずです。

長いスパンで考えると残念な結果につながってしまうパターンですね。

なので、**つい言い訳することが習慣になっている人は、とりあえず謝る癖をつけて**

ください。

頭であれこれ考える前に、条件反射的にまず謝る。

ひとたび謝ってしまえば、「これ、俺のミスじゃないです」などと下手な言い訳はできなくなりますよね。だってもう謝っちゃっていますから。

もちろん、よくよく掘り下げると「そのミスは自分だけではなくて、部下の誰それも関係していて……」というような事情もあるでしょうけど、そんな言い訳はしないで、「すみません、今後はもっと気をつけます」と、謝罪の言葉がすっと口から出てくるような人というのは「素直なヤツだな」と思ってもらえるのでお得です。

あとになって、「実は部下にも一部の責任があった」ということが発覚しようものなら、ミスをしているのに株が上がるという謎のオイシサも控えていたりします。

人とうまくつきあううえでは、下手に言葉で切り返さないほうが、コスパがいいということなのです。

考えたら負け

友達と食事に出かけて、自分が注文した料理が先に運ばれてきました。

さて、あなたはどうするでしょうか？

友達の料理が出てくるまで食べずに待っていると気を使わせてしまうだろうから、とりあえず自分は先に食べ始める、というパターンが多そうですが、わざわざ相手に「先に食べていい？」と聞くのは無駄だよね、合理的じゃないよね、と考える人もいると思います。

たしかに、友達も「ダメ、自分の料理がくるまで待っててほしい」なんて言わないはずですよね。

でも、**「先に食べていい？」というたった一言を出し惜しみするのは、合理的でもなんでもなくて、むしろ非合理的だと僕は思います。**

だって、この一言というのは3秒もあれば口に出せることだし、頭もいっさい使いませんよね。カロリーを消費するようなことでもありません。

そして、逆に友達の料理が先に出てきたら「冷めないうちに先に食べていいよ」と言ったほうがいい。

こういう、たったひとつの言葉をかけておくだけで「気が使える人だよね」ということが相手に伝わります。

当然、「何こいつ。いきなり勝手に食い始めてるよ」とか「もう料理が運ばれてきたのに、謎に我慢して食べずに待っている」などと不快に思われる可能性を完全回避できるということだけでも、めちゃくちゃコスパがいいのですね。

礼儀や儀式や伝統とかって、無駄なもののように思われがちなんですけど、実は合理的だったりします。

僕は何かをしてもらったときには、必ず「ありがとう」と伝えるようにします。

ありがとうと言われたくない人はいません。ちょっとドヤれますし、感謝されれば誰だって悪い気はしません。

でも、世の中には、「それは、お前がやって当たり前の行動だから」という理由でありがとうと言わない人もいます。たった2秒で終わる「ありがとう」を言うだけで、相手は行動して良かったと思える。そうやって相手が気持ち良く自発的に動いてくれる言葉を言わないのは、コスパが非常に悪いです。

挨拶だってそうです。

一見、あまり意味がないように思えるけど、**挨拶をするとしないでは、したほうが圧倒的にコスパがいい**。

ほかの章でも話しましたが、挨拶されて嫌な気持ちになる人なんてまずいませんし、無用なトラブルを避けられるという意味でも、挨拶はしたほうがずっと合理的です。

このように、いちいち深く考えないでコスパ（＝合理的であること）を優先する癖をつけるといいのではないかと思います。

うまい人の行動をパクる

よく、長男長女よりも次男次女のほうが、「イケメン／美人率」が高めだと言われます。

なぜでしょうか？

第二子というのは、長男長女に比べると、立ち回りがうまい人が圧倒的に多いです。

どういうことかというと、兄や姉の発言や立ち居振る舞いをよく見ていて、「これをすればこうなる」ということを、わりとパターンとして習得しているからです。

「ああ、こういうことをやると失敗しちゃうのね」「こういうことで親は喜ぶのね」ということを、自分で泥をかぶることなく学習できてしまうのが下の子の強みで、上の子よりもはるかに世渡り上手になる率が高いです。

結果として、立ち居振る舞いがスマートになり、異性にもモテやすいのだと思います。おそらく実際に顔が整っているわけではなく、「モテやすい＝美男美女が多い」というふうに勘違いされているんですね。

成功例にしろ失敗例にしろ、周囲の人たちの行動というのは学ぶことの多い教科書です。反面教師もいいですけど、できればお手本になりそうな好感度高めの人を見つけておくといいと思います。

なにげない雑談やふとした表情など、その人の言動や身のこなしには、好感度を上げる要素が埋め込まれているはずなので、あとはそれを丸パクりすればいいだけの話です。

異性に慣れるためには

他人に好かれる立ち居振る舞いというのは、お手本になりうる人を見つけて、ある程度パクることができますが、たとえば異性とつきあった経験がまったくないのに、「でも、好きになった相手に気に入ってもらうために、スマートに振る舞いたい！」と思ったところで、それはかなりハードルの高いことです。

たとえば、相手との距離のとり方とか、どうしたら自分を好きになってもらえるかといったスキルが圧倒的に足りていない状態なのですね。

経験値がゼロなのであれば、当たり前のことです。

ですので、「恋人いない歴＝年齢」という人は、そのままだと永遠に異性に好かれるコツを学べません。だから、まずは誰かとつきあってみてください。

自分の好みのタイプじゃないとか、年上は避けたいなどと不満を言っている場合ではなくて、つきあえそうなチャンスがあれば、まずはつきあってみる。

次第に、「あ、異性ってこういう考え方をするのか」とか、「こういうことが不快なのか」、「こういうことを大切にしているのか」というようなことがだんだんと見えてくるはずなので、そこから学びを得て自信をつけたところで、ゆくゆくは自分の理想に近い相手にアプローチする。

そんなふうにステップアップしていくほうがずっと現実的です。

交際経験も積まずに「若くて見た目も性格もいい、理想の相手とつきあいたい！」とどんなに願ったところで、無理な話です。もっと合理的に考えましょう。

第 4 章

的確に伝える

短く話す

ご存知のとおり、僕は喋る仕事もしているので、話すこと自体は苦になりません。むしろ得意なほうだと思うのですが、得意とは言いつつも、トークが雑な仕上がりになってしまうことも多々あります。

たとえば、**酔っぱらうと話が長くなるんですね**。ユーチューブの動画配信でも、度数が高めのビールを飲んでいると、必ずと言っていいほど話が冗長になります。

ちょっと昭和な香りのする表現ですけど、「スピーチとスカートは短いほうがなんとやら」という常套句《じょうとうく》もありますね。

的確に相手に伝えたいのなら、短く話すということはすごく大事です。

人間の脳というのは、あまりにたくさんの情報を一度に取り込むことができません。

もちろん、そのキャパには個人差があるでしょうけど、長い話をダラダラ聞かされながら、大切な部分だけを瞬時にキャッチするのは意外と大変なことですし、聞き手の能力が問われます。

簡単に言えば、本当に伝えたい重要な部分だけを手短に話すと、伝えるべきことが明確に伝わりますよ、という話です。

無駄に長い話の軸はブレる

話が長くなると、本筋から脱線しやすくなります。

たとえ脱線しても、軌道修正してきちんと回収できればいいのですが、長くなればなるほど話が枝葉にまで及んでいって、収拾がつかなくなりやすいです。

先ほども書きましたが、僕も酔っ払っているときは話が長くなりがちで、そうなってくると話している途中で「あれ？　もともとなんの話をしていたんだっけ？」という状態になることもあります。

ふと気づけば、ぜんぜん違う話題についてノリノリで話していることもあって、けっきょく本当に言いたかった結論にたどり着けないまま、尻切れになったりします。

ユーチューブの生配信に関して言えば、もともとは意味のないことをダラダラ喋ることだけが目的だったりするので、誰に迷惑をかけるということもないのですが、さすがに「えっ、けっきょく質問に答えていないよね？」となると、聞いている人としては不完全燃焼になってしまいますよね。

10秒で話せ

質問されるときに苦手としているパターンが、僕にはあります。

たとえばトークイベントなどで来場者の人に挙手してもらって、質問を受けるときに、「2つお聞きしたいことがあります」と言われることがあるんですね。

それが、とても嫌なのです。

ひとつ質問してもらうだけなら、それに答えればいいだけなのに、２つもあると最初の質問に答えているうちに、次の質問内容がなんだったか、すっかり頭から抜け落ちてしまうのです。

僕は聞かれたことに対してはすぐ答えるようにしています。

お酒を飲んでいないときには、それこそ10秒とか20秒で話が終わります。

話がまとまりにくい、話しているうちにポイントがだんだんズレてしまうという人は、10秒はさすがに難しいかもしれないですけど、**聞かれていることに対してなるべく短めに、ピンポイントに話すことを意識してみるといいと思います。**

結論を先に言う

しらふのときの僕は、本当に話が短いです。

何か質問されたとしたら、**冒頭でまず「それ、無理っす」とか「ぜんぜんいいんじゃないですか」というふうに、結論から入ります。**

それから、「それは、こういう理由だからです」という説明をせいぜい10秒から20秒でします。

こういう話し方をしていれば、自分がどういうオチに向かって喋っているのかが明確なまま話が終わるので、話のピントがズレることがありません。

まず結論を先に言う。そして、その理由を短く話す。

それだけで、言いたいことが確実に伝えられるようになると思います。

聞いている人も最初に長々と理由を話されても、何が言いたいのかよくわからないですしね。

加えて、最初に結論を言うと「自分が伝えたいことの方向性」が、話している最中にブレにくくなります。

そんなことを踏まえての余談なのですが、つまらない話をする人が嫌われる理由というのは、話が長いからなのですね。

たとえどんなにつまらないエピソードだったとしても、ものすごく短ければ、「へー、そうなんだ」で終わるのに、話がつまらない人に限ってダラダラ喋り続けたりします。

「オチのない話」の話のオチ

またもやポリコレ的にはよろしくない表現に抵触するかもしれませんが、女性の話というのは長くなりやすい傾向にあると思います。

「先週、あの人とあの人と一緒にどこそこへ行ったら、こういうことがあって、それでずっと欲しかったあれを見つけて買ったんだけど……」

たとえばこんな調子です。

学生時代には、よく女友達の話につきあいました。

「そもそもこの話って、なんのために喋ってるの？」「オチはどこにあるの？」みたいなクエスチョンマークがいくつも頭に浮かんでくるのですが、どこかで面白い展開が待ち受けているかもしれないから、ちゃんと順を追って理解しておかなければ、と思って一生懸命に耳を傾けていると、「……で、すごく楽しかったの！」というような、**オチも何もないところで急に話が完結してズッコケそうになったりします。**

思わず「あ、そう。……で?」とつっこみたくなりますが、人間の心理としては、話につきあった時間が長ければ長いほど、面白いオチを期待してしまうところもあると思うのですね。

それを逆手にとって、**僕自身は「話のオチを最初に言っちゃう」ということをよくやります。**

オチだけ先に言ってもネタバレになるわけではなく、「え、どういうこと?」と相手が興味をもってくれるので、話しやすくなったりするのです。

これは原稿を書くときでも同じです。

僕は週刊誌の連載を10年以上続けているのですが、自分ではとくに意識していなかったものの、担当さんから「昔は理由から述べてオチ的に結論を書いていたけど、最近は結論を先に書くようになった」と言われたりしました。

たしかに、ダラダラと長い文字情報を読むのはダルいので、先に結論があったほうが読んでいる人もラクですよね。

これは、『2ちゃんねるはなぜ潰れないのか?』(扶桑社)という遠い昔に出した書籍でもやったことで、最初に結論として「潰れないと思うよ」と話をして、その後ダラダラと理由を書いた感じでした。

結果としては、**その書籍はそこそこ売れたりしたわけです。**

シンプルに話す

「自分はボキャブラリーが貧困なので、うまく話せません」という人がよくいます。

でも、これは完全な勘違い。

語彙《ごい》力が高い、いろいろな言葉を使って喋ろうとする人というのは、話や説明がわかりにくくなることのほうが多いのです。

むしろ語彙力がないほうが、確実にわかりやすく伝わります。

ちなみに、僕はもともと日本語しか喋れませんでしたが、英語圏によく行くようになって、英語で仕事をする機会も出てきました。

今はフランスに住んでいるので、加えてフランス語も喋るようになりました。

曲がりなりにも3カ国語を使って生活していると、何か新しいものの名前を覚えるときに、いちいち3つの単語をインプットしなくてはならなくて、アウトプットする際にも、じゃあビールを注ぐ器をコップと呼ぶのか、グラスと呼ぶのか、ヴェール（verre）と呼ぶのか、みたいなことが増えて、最終的にはややこしくて覚えるのが面倒になってきて、ボキャブラリーが貧困になるんです。

とくに僕は日本語をどんどん忘れつつあって、結果的に日本語のボキャブラリーがだんだん減ってきており、難しい漢字も書けなくなってきました。

そこで何が起きたのかというと、わかりやすい簡単な表現で喋るようになった。

人にものを伝えるときというのは、逆にそのほうがしっかり伝わるからです。

たとえば小さい子供というのは、話せる単語は少ないけど、「おやつが食べたい」とか「パパはイヤだ、ママがいい」とか、言っていることが単純明快ですよね。それと同じです。

大学の先生の授業は専門的な言葉が出てきてわかりにくいですけど、池上彰さんがテレビで同じ内容を説明しているのを見るとわかりやすいですよね。**それはテレビを見ている頭のよくない視聴者に合わせて、誰でもわかるような言葉で話をしているからです。**

僕の日本語の語彙力はどんどん下がっていく一方ですが、その結果、「ひろゆきの説明はわかりやすい」と言ってもらえることが増えてきた。

そんな逆転現象が起きています。

ほとんどの大人は老けた子供

ユーチューブの動画配信で、**僕は「中学生くらいの人にもわかるように説明する」ということを、かなり意識的にやっています。**

当たり前のことですが、相手に理解してもらえなければ、話す意味なんてありません。

そして、**世の中のだいたいの大人というのは、ただ年をとっているだけで、知能レベルは中学生と大差がなかったりします。**

なので、中学生にもわかる語彙力をもってかみ砕いて話さない限り、なかなか伝わらないということになります。

もちろん、中学生レベル以上の理解力がある人もたくさんいますが、一方で、びっくりするくらい頭の悪い人というのが世の中にはけっこう存在する。

残念なことに、**こういう頭の悪い人は、自分の頭が悪いという認識すらしていないのですね。**

「これが理解できないというのは、さすがにちょっとヤバいよね」というレベルのこともわからないし、そのヤバさに対しても危機感をもっていません。

少し説明すると、たとえば、「A＝Bです」という話をしていて、次に「B＝Cです」という話をしました。それを踏まえると、つまり「A＝Cだよね」、ということが高校生くらいになれば理解できるようになります。

ところが、「最初はAとBの話をしていて、次はBとCの話をしていたんだから、AとCの話なんてしていないじゃん。話題のすり替えだよね、最低！」みたいなことを本気で言ってくる人が、日本のツイッター（現X）界隈などには一定数いて、度肝《どぎも》を抜かれます。

そういう人にもわかるように話さないといけない。

そのように考えると、**中学生レベルの語彙力だけで表現したほうが、誰にでも伝わるのでむしろ好都合なわけです。**

難しい言葉を使いたがる人の心理

パソナグループの偉い人で、小泉純一郎政権のころにIT担当とか郵政民営化担当とかで大臣を務めていた竹中平蔵さんという人がいます。

新型コロナの感染が日本でも広がり始めたころ、竹中さんのインタビュー記事を目にしました。

その記事の冒頭で、竹中さんは日本政府のコロナ対策について話すのに、「リアクティブとプロアクティブという、2つの姿勢があります」みたいな説明から入るんです。

リアクティブだのプロアクティブだのと言っても、ピンとこない読者は多いだろうから、「リアクティブは何か事が起きたあとに対応すること」「プロアクティブは、何かが起きてしまう前に対応すること」ですよ、といった具合に、竹中さんは単語の説明をしていたのですね。

そのあと、「日本政府の対応はリアクティブだ。それに対して、中国はプロアクティブで、日本もそれを見習わなければいけないよね」という提言へと続いたのですが、**「えっ、最初のパートって必要？」と思わずつっこんでしまいました。**

要するに、日本政府のコロナ対策は後手後手《ごてごて》ですよ、もっと先手を打たなくちゃいけませんよ、ということを言いたかっただけの話。

わざわざリアクティブと言ったあとで単語の説明までしなくても、最初から「後手後手です」と話せばそれだけで意味は伝わるし、たった一言で済みますよね。

なぜ誰もわからないようなカタカナの言葉をわざわざ使うのか？　と、ものすごく疑問に思っていたのですが、**もしかしたら、その言葉を覚えたばかりで「ちょっと使ってみたかった」というのがあったのかもしれません。**

というのも、新しい言葉を覚えたての子供というのは、そういうことをやりがちなんですね。

僕も中学生のころ、映画か何かで、登場人物のおばあちゃんが自分の名前の下に「刀自《とじ》」と書いているシーンを見て、なんだかかっこいい！　と思い「西村博之　刀自」なんて真似して書いてみたことがあるので、そういう気持ちはわかります。

ちなみに、刀自というのは、年配女性への敬称として使われる言葉だとあとになって知り、僕、やらかしちゃったな……と思いました。

言葉の発音も同じで、たとえば1年くらい留学をしていた学生さんが、人気ドラマの『24《トゥエンティフォー》』をアメリカ英語の発音で話していたのですが、日本人相手ならカタカナで表現できる和製英語の発音のほうがすんなり伝わるんですよね。

もちろん、「母国語が英語です」ということなら事情もわかるんですが、たった1

年しか留学をしていないのに、本場の発音をする。**それは中二病的な行動でしかないので、けっこう恥ずかしいですよね。**

そんな感じで、難しい言葉をやたら使いたがる人というのは、ちょっと若気の至りっぽい、「こんな言葉を使ってる俺、かっこいいかも！」みたいな心理があるのかもしれないなと思います。

思考を箇条書きにする

話下手の人の話は長い、と先ほども書きました。

本筋とは関連性の低い、しなくてもいいような説明をしたりして、いわゆる蛇足《だそく》だらけの話になるから長くなるんですね。

長く話しているうちに、自分が本当に言いたかった結論からどんどん遠ざかってしまったりします。

話す内容をシンプルにする際に役立つのが、「思考の箇条書き」です。

たとえばビジネスメールなどで、相手に仕事の依頼などをする際に気持ちを込めて長文を送ってしまう人がいるのですが、「正直、読むのがダルいな」と思われてしまうことは多いです。とくに、忙しい相手ほどそんなふうに感じる傾向はあると思います。

なので、**文章にして伝えるよりも要点だけをまとめて箇条書きにしたほうが、相手に意図が伝わりやすく、読み手にとっての時短にもなります**。

仕事ができる人ほど忙しいので、そうやって要点をまとめてくれる人は重宝されます。

具体的にやっていることというのは、「自分が伝えたいことはなんなのか」という重要ポイントを整理して書き出す、という作業ですね。

これを、話をするときに頭のなかでやってみるといいのです。

箇条書きというのはわかりにくく書くことのほうが逆に難しいですし、箇条書きにすると物事が自動的にシンプルになるので、それに沿って短く話をしていくと伝わりやすくなります。

フランスの哲学者・パスカルが遺した名言に「今日はあまり時間がなかったので、手紙が長くなってしまいました」というものがあります。

どういうことかというと、ダラダラと思ったことを書き連ねるよりも、無駄のない言葉で簡潔に要点をまとめることのほうが、実は難易度が高いし時間もかかるのですね。

なので、**文章を書くのが苦手な人ほど、無駄に長く書いてしまう傾向があります**。ものすごい長文メールとかって、がんばって最後まで読んでも、けっきょく何が言いたいのか要領を得ないことが多い。

優先順位とか重要ポイントについて、書いている本人がよくわかっていない状態だから、ダラダラと無駄な言葉を羅列《られつ》しがちなのだと思います。

その点、箇条書きにしてみると、余計な言葉がどんどん削ぎ落とされていきます。その結果、最後まで残った言葉が「要点」だというわけです。

自己流アレンジは禁止

先ほどお話ししたとおり、箇条書きをわかりにくく書くというのはむしろ難しいことで、それをやれちゃうのは一種の才能ではないかとさえ思うのですが、とにかく要領が悪い人というのは存在します。

たとえばですが、伝えなくてはいけない事実と、自分の思い込みや推測の部分とを区別せず同列に並べてしまったり、欲張って一文のなかに混在させたりします。

箇条書きには特別なテクニックなんて必要ないですし、頭が悪い人にも簡単にできることなので、まずは慣れてコツをつかみましょう。

いちばん手っ取り早いのは、**うまく箇条書きができる人、つまり要領の良い人のやり方を真似することです**。

とにかく、その人がやっていることを完全コピーしてください。

ここで注意しなくてはいけないのが、「独自のやり方」をけっして織り交ぜないこと。

要領の悪い人というのは、どういうわけか、既存のパターンを真似るのを嫌がって、フワッとした自己流のアレンジを入れたがる傾向があります。

すでに上手にできている人が、さらに上を目指してバージョンアップするというのであれば話はわかるのですが、うまくできない人が何か変わったことをやろうとしても、ろくでもない結果を招くだけです。いつまでたっても上達しません。

ちなみに、すでにある「型」を忠実に真似るということをしないで、必ずおかしな自己流アレンジを入れがちだというのは、料理が下手な人にも「あるある」のパターン。

料理が下手な人というのは、なぜかレシピどおりにつくろうとしないのですね。砂糖10グラムと書いてあるのに、砂糖の代わりにはちみつを入れたり、大さじ3と書いてあるのに「だいたいこんなもんかな?」などと言って、目分量で入れちゃったりする。

こうした魔改造を重ねた結果、だいたい失敗します。

レシピどおりの材料と分量でレシピどおりの手順でやれば、たとえ初心者であってもそれなりの料理ができるはずです。レシピというのはそのためにあるのですから。料理も箇条書きも、まずはうまい人のやり方を「完コピ」するところから始めましょう。

相手に合わせる

繰り返しますが、**コミュニケーションをとるときには相手が存在します。**

語彙をシンプルにするとか、短めに話すといった工夫も、「相手に理解してもらう」ということが前提にあります。

ところが、会話テクを上達させたいとか、優秀であるところをアピールしたい人というのはコミュニケーションの主軸を「自分」に置きがちで、「相手」について無頓《むとん》着《ちゃく》になりがちです。

それでいて、「自分の話はどうも伝わらない」「なんで理解してもらえないんだろう」と首を傾《かし》げていたりする。

スワヒリ語で話しかけても、多くの日本人には理解してもらえないのと一緒で、どんなに的確な言葉を選び流暢《りゅうちょう》に喋ったところで、**相手が理解できる語彙や速度、前提条件などで話さなければちゃんと伝わるはずがありません**。

無意識のうちに相手を見下していて、その人にとってなじみの薄い単語を平気で織り混ぜて、補足しようともしない。結果的に、会話ではなく単なるマウントとりみたいなことを延々とやってのけてしまう人も時々います。

異業種の人に向かって業界用語を連発したりするのも、相手に対する想像力の働かない、ちょっと残念なタイプだなと思ったりします。

相手のレベルに合わせる

説明がうまいかどうかというのは、相手のレベルに合わせられるかどうかだと僕は思います。

専門知識が多いとか少ないとかいうことは、ほとんど関係ありません。

先ほど、ユーチューブで喋るときには、僕はだいたい中学生くらいの人にわかってもらえる内容を意識していると話しました。

でも、それはあくまでもユーチューブでの話であって、**僕がいつもあんな感じで喋っているかというと、まったく違います。**

たとえば、会社の経営者に向かって話をするときには、「売り上げを比較するのにBS（バランスシート＝貸借対照表）をもってきてください」「PL（プロフィット&ロス・ステートメント＝損益計算書）を出してください」とか言うわけです。

いちいち、「売り上げとか仕入れ金とか利益とかの数字が細かく書いてある損益計算書という書類があって、それをPLと呼ぶんだけれど、それをもってきてもらわないと、資産や借金がどれくらいあるのかという事業の形態がわからないんです」なんて説明しません。

相手がすでに「BSもPLも、当たり前に理解できている」という状況ですから、かみ砕いて説明したところで時間の無駄にしかならないということはわかりますよね。

常に相手のレベルに合わせて話すこと。軸をここに置くことを意識しましょう。

さっさと本人に聞く

加えて、相手が「求めているもの」を的確に知る、ということも非常に重要です。

相手が何を求めているのかをわかっている「つもり」だったけれど、それは単なる思い込みだった、というようなことは少なくありません。

僕は大学で心理学を専攻していたので、一応、心理学の学士をもっているのですが、**心理学ってあまり役に立たないと思っています**。

アドラー心理学の関連書籍なんかも、ほとんど読んだことはありません。

心理学というのは、人間の心の動きや行動について研究する学問なのですが、正直、そこには正しい理論なんていうものは存在しないと思います。

人間の心の問題なので、「基本、人それぞれだよね」の一言で終わってしまうことだったりする。

ところが、心理学ということで、ちゃんと学問として成立させなければいけないので、たとえば「醤油とソース、どちらを目玉焼きにかけるのが正しいのか」というようなテーマを設定して統計をとります。

調査した結果、「1000人中、800人が醤油と答えた。つまり、日本では目玉焼きに醤油をかけるのが正しい」といった結論を導き出したとします。

でも、「その結論って必要なんだろうか？」と僕なんかは思ってしまうわけです。

こういう傾向があるよね、ということが統計の結果としてわかった。ただ、「今、目の前に座っている友達の目玉焼きに、醤油とソース、どっちをかけてあげたら喜ぶんだろう？」「統計では醤油派が多かったから醤油なのかな？」などと考えることは、まったくもってナンセンスですよね。

「さっさと本人に聞けば？」という話です。

わかったつもりにならないで、「醤油にします？　ソースにします？」ってその人に聞いちゃうのがいちばん正確だし早いんですよね。

要するに、傾向だけで全体を理解しようとしたり、理解したつもりになるのは、あまりいいことだとは思わないのです。

だから、血液型や星座占いみたいなものや、心理テストみたいなものは、ほとんど信用していません。

相手の気持ちが読めないという勘違い

自分は「相手の気持ちが読めない」。だから苦労しています、と言う人がいます。

僕に言わせてもらえば、トンチンカンです。

超能力者でもあるまいし、他人の気持ちなんて読めなくて当然です。

他人の感情や考えといったものが「読める」という前提に立って話している時点で、すごくズレています。

それを認めたうえで、**「あなたがどうしてほしいのかわかりません。それを教えてください」とちゃんと尋ねなければなりません。**

そうして相手の要望を確定させない限り、それに的確に応じることなんて不可能なのに、先回りをして、頼まれてもいないようなことに手をつけ、結果的に残念な空回りしている人をたまに見かけます。

たとえばですが、すごく散らかっているデスクがあったので片付けてあげました、というパターン。

本人に頼まれたわけではないけど、「このままだと作業しにくいだろう」「掃除してあげたら喜ぶんじゃないか」ということで、きれいに整理整頓しました。

ところが、本人にしてみれば、何がどこにしまってあるのかがさっぱりわからなくなってしまい、感謝するどころか、「ありがた迷惑。マジでむかつく！」みたいな心境になったりすることもあるわけです。

余計なことをする前に、きちんと本人に聞くようにしましょう。

口頭がベストという先入観

コミュニケーションでは「空白」の部分を想像に任せず、わからない部分についてはきちんと相手に確認しながら意思疎通を図ることが大事だという話をしました。

言葉でやりとりするなかで、「なんだか、相手の質問に的確に答えられていない気がする……」という場合、それはあなた自身の問題ではない可能性もあります。

質問する側がちゃんと質問できていないというケースです。

たとえば、質問する側の話がすごく長くて要領を得ず、本人としても「けっきょく何が聞きたかったんだっけ？」という感じで迷走している場合。

こういう相手に対しては、口頭でのやりとりを避けて、メールなりを介してテキストで「確認事項を送ってください」とお願いするといいです。

その際には、可能な限り箇条書きでもらいましょう。

どんなバカな人でも、言いたいことを箇条書きにしていくと要点をまとめられる可能性は高くなります。

ちなみに、コミュニケーションをとりづらい厄介な相手とのやりとりも、メールを使うことでかなり最適化されます。

口頭がベストという先入観は、とりあえず捨てましょう。

そもそも、口頭で相談や報告をすることというのは、リアルに相手の時間を制限します。

仮に30秒で説明して、相手からの答えに30秒がかかるとして、それだけで1分はとられるわけです。

メールであれば、上司なり取引先の人なりが自分にとって都合のいいタイミングでチェックしますから、こちらが無駄に神経を使う必要もないし、要点をまとめて理路整然とした説明ができます。

そのうえ、履歴もきちんと残るので、たとえ返信をもらえなかった場合にも、相手には「返信してなかった、まずい」という負い目がありますから、何かトラブルがあったときに勝手に落ち度を感じてくれるんですね。

前の章で「怒られないコツ」として紹介しましたが、**共犯関係をつくっておくことで得をするという構図です。**

正しいような説明と正しい説明

ところで、**人は必ずしも「正しいもの」を求めるわけではありません。**

場合によっては「正しいようなもの」でいい、それで十分だということもあります。

突然ですが、「サバ風味」と書いてある缶詰を見たとき、あなたはどんなことを考えるでしょうか。

「サバ風味というなら、サバっぽい味がするんだろうな」と理解する人がいる一方で、「わざわざ風味と書いてあるということは、サバではない〝何か別のもの〟なんだ」と考える人もいるはずです。

つまり、なんとなくわかればいいや、という人と、物事を厳密に認識しようとする人とでは、缶詰のキャッチコピーひとつにしてもぜんぜん違ったとらえ方をするわけです。

厳密には違うけどだいたいこんな感じ、という説明でも十分な場合もあるし、それではまったく不十分な場合もあるということ。

「手づくり風」といった表記も同様ですね。

「手づくり風というと、なんだか丁寧につくられていそうでおいしそう」とイメージする人もいれば、「実際には手づくりではないんだな」と認識する人もいます。

正しさをどこまで追求したいのかにもよりますが、たとえば、円周率が実際には３・１４１５９２……と続いていくところを、３・14に置き換えて計算することは、厳密に言うと「正しそうな」だけで「正しい」わけではない。

ただ、３・14で計算したところで、すごく困るわけでもないのです。

どちらにしてもそれほど困らない。だから、厳密さを追求すると説明がややこしくなるような場合は、「正しそうな」説明で相手の納得や理解を得るというのも方法論としてアリでしょう。

つまり、相手が求めるレベルに合わせた説明というものを意識するべきなんですね。

ただし、どんなに相手のレベルに合わせようと工夫したところで、**必ずわかってもらえることなどありません。**

すでにお話ししたとおり、僕はユーチューブでかなりわかりやすく喋るように意識していますが、何かを説明したときに半数の人が理解できなかったとしても、「まあ、そんなもんだよね」と思っていたりします。

さっきも例に出しましたが、「A＝B」「B＝C」「だからA＝C」というような話をすると、3分の1くらいの人は脱落していきます。だから、別に全員が理解できなくてもそれは仕方ないことだよね、と考えるようにしています。

うまく相手に伝わらなかったとしても、それくらいゆるく構えていればいいと思うのです。

合理的に話す

物事を的確に伝えるためには、合理的に話すことが必要で、合理的に話すためには、合理的に考える必要があります。

普段から合理的に考える癖をつけておきましょう。

たとえばですが、「実は自分には隠れた思惑があって、それを隠したい」という場合。

そういう打算が働いていると、相手をごまかすような説明になってしまい、話がどうしても非合理的になるので、聞いている側も「こいつの言ってること、なんだか辻褄が合っていないな」と不審に感じたりします。

でも、合理的な考えを合理的に説明しようとすれば、それは合理的な説明にしかなりません。

筋が通った話というのは、相手にも的確に伝わります。

結論ファーストは鉄則ではない

「結論を先に言ってからその理由を説明すると、話の軸がブレにくいですよ」とすでに書きました。

合理的に話すうえでも、この「結論ファースト」が基本だと思います。

たとえば、論文を書くときには、結論から入るのが一般的です。最初に結論を書き、その結論を裏づけるための説得材料を用意して、順序立てて説明していく。

だいたいはこのパターンです。

まず結論があって、次にその説明が続くというかたちのほうが、受けとる側も理解しやすくなるのですね。

とはいっても、**いつでも結論を先に言えばいいというわけでもありません。**

あくまで場合によりけり。口頭とメールだとやり方も違うし、伝える相手によっても違うと思うのですよね。

たとえば、立場が上の人にビジネスメールを送るという場合、僕だったら、自分が相手にメールしている背景を初めに説明すると思います。

「こういう理由があってあなたにメールを書いています」

「こういう問題が発生します。それに対して、こういう対応が可能ではないかと考えました」

「というわけで、結論として、あなたにこのような判断をして頂きたいです」

こんなイメージです。

普段、あまりやりとりをしていない相手に連絡する場合には、なおさら書き出しが肝心です。

最後までちゃんと読んでもらうための「理由づけ」が必要なんですね。

そのメールをちゃんと読まなくてはいけない理由が初めに書いてあると、どんなに面倒くさがりの僕でも、さすがに読まざるを得なくなります。

一方で、立場が下の人へのメールであれば、相手は「最後まで読まなければならない状況」に必然的に置かれているので、「これをしてください」と結論から書いても無問題です。

続けて「なぜなら、こういう状況があるからです」という説明を書くことで、合理的な指示になります。

リアルタイムにこだわらない

会議で発言することが苦手だという人は少なくありません。

緊張してしまって大勢の前でうまく話せないとか、議論の流れに乗ってリアルタイムで意見を出すことが下手だという人もいます。

本当はアイディアをもっていて提案したいことがあるのに、けっきょく発言のタイミングをつかまえられずに終始無言。これでは「何も考えてない人」認定されても仕方ないですよね。

そういう人は、アウトプットの方法をもっと考えればいいと思います。

そのためには、「口頭」でのコミュニケーションにこだわらないこと。

有益な情報をもっているのであれば、別にリアルタイムで披露する必要もありません。会議が終わったあとに、一斉メールで「こんなアイディアはいかがでしょう」と共有することもできます。

顔を突き合わせたタイミングでなければ共有できないというわけではないので、事後メールとか、会議前に資料にして配布しておくとか、自分の得意なやり方で伝えればいいだけです。

余談ですが、顔を合わせてのリアル接触にやたらこだわる上司が多いとけっこう面倒ですよね。昔気質《むかしかたぎ》の経営者の会社ではありがちです。

社内にいるんだから、メールだのチャットだのに頼らないで、顔を合わせて伝えなさい、というタイプ。この手の人は、相談ごとひとつでも、「直接、席まで行って話せばいいだろう」派です。

というのも、会社で上のポジションにいる人たちというのは、社内の誰に何を話しかけても、すぐその場で話ができる立場にあるのですね。

相手の顔色やタイミングをうかがったり、空気を読んで気を使ったりする必要がまったくないので、コミュニケーションを効率化することに対して無頓着になってしまうのは、ある意味、仕方がないことではある気がします。

とはいえ、新型コロナの影響で、「対面で話すのってよろしくないよね」という建前ができたので、**古いタイプの会社でも、かなりオンライン化が進みました。**

これはいい流れだと思います。

ひとり反省会を開催する

会話をしたあとに、「やってしまった……」とひとり身悶《みもだ》えるという経験、誰にでも一度や二度はあるのではないでしょうか。

うっかり失言して相手の地雷を踏んだとか、話がまとまらず空回りしてしまったとか、苦い記憶を反芻《はんすう》して落ち込んでしまうパターンですね。

でも、落ち込んでいるヒマがあったら、さっさと次に活かしましょう。

失敗の経験を活かすためには、反省と訓練が必要です。

思い出したくない過去から逃げるのではなく、「ひとり反省会」を開く癖をつけてください。

たとえば、口のうまい相手にやり込められてしまい、自己嫌悪に陥っているのであれば、「こういうふうに言い返せばよかった」という内容についてじっくり考えます。

重要なのは、ただ頭のなかで考えるだけでなく、それを口に出して言ってみることです。

こういうことを何度もやっていると、**「こう言われたときには、こう言い返す」というのがわりとパターン化して習慣になり、必要なときにとっさに口から出るようになります。**

ちょっとずつでもいいので、こういう訓練をやっていくといいと思います。

反省会というのは、不正解を確認する時間です。

不正解だと認識できているのであれば、「何が正解なのか」がわかっているという状態だということ。

たとえば「まとまった話し方ができていなかった」と思うのであれば、**すでに自分の頭のなかには正解が生まれているので、次は間違えないで、正解であることをやればいい。**

それを繰り返していけば、「正解を出す」ということの訓練になります。時間をかけて正解を出すという訓練です。

「時間さえかければ、自分でもまとまった話し方ができるんだな」とわかれば、あとは正解を出せるまでの時間をどれくらい短縮できるかという、「慣れ」の問題になるわけですね。

事実を並べる

事実と感情は違います。

人に説明するということは、どういう事実があるのかを言語化することです。

「こういう論文がありました」「こういう資料があります」「こういうニュース記事を読みました」という事実があって、「それについて、僕自身は納得しているんです」という前提がある。

だから、**それらの事実を並べて自分が納得した理由として説明すれば、結果的に論理的な説明になります**。

一方で「○○さん、キモい！」というようなことは、単なる感情ですよね。

「あ、これは感情だな」という認識とともに、当然ながら事実と並べて語ってはいけません。

まずは、事実と感情を完全に切り分けて認識する。そのうえで話すことがすごく重要です。

博識である必要はない

ちなみに、「ひろゆきは博識」だと思っている人も多いようなのですが、ちょっと違います。

僕にあるのはプレゼンテーション能力です。

聞きかじりの知識を引っ張ってきて、あたかも全体像を知っているかのように伝えるというプレゼンがうまいんですね。

とはいえ、僕が意識していることはあります。

それは必ず「事実」ベースで話すこと。

当たり前ですが、事実や知識にもとづいて説明しているんですね。

「僕がこういうふうに考えるのは、こういう根拠があるからですよ」という、理由の部分を説明できなければ、ただ思いつきで喋っているだけのウソつきなオジサンになってしまいます。

だから、**僕は知らないことについては説明しません**。

「この部分については知りません」「わかりません」と必ず言うようにしています。

この「わからない」「知らない」という一言を口に出せない人は、実はすごく多いのです。

実際に僕にもわからないことはたくさんあるし、みんなが驚くほど知識をもっているというわけではありません。

だからこそ、どういう情報をどうやってストックしておくかというのがわりと重要だったりするので、いろいろな人たちのものの見方をなるべくチェックするようにしているのですね。

正直、**自分で調べる能力さえあれば、世の中、そこそこ通用してしまうものです**。

僕がもっているレベルの知識だと、専門家同士の議論に立ち入ることなんてできません。

でも、一般の人が相手なら、調べて得られる知識さえあれば、その場の話題にちょっと毛が生えた程度のネタを加えて話すことはできる。すると、**プレゼン能力の後押しもあって「それっぽく」聞こえてしまうのですね。**

本当に頭のいい人というのは、まだ誰も答えを知らないものについて、答えを見つけ出せる人のことを指すと思うのですけど、今の世の中的に「ちょっと有能だよね」という人に対しては、別にそこまでのレベルは求められていません。

大学受験でうまくいく人というのも、正解のある問題の正解を覚えているだけ。すでに誰かが導き出した答えを調べて再利用するだけで有能だと思ってもらえるので、幅広くググる能力さえ身につければ、そこそこうまくやっていけるのですね。

「絶対に〇〇ない」は証明できない?

一方で、**何をもって事実とするか、判断が難しいこともあります。**

たとえば、「人は絶対に死ぬよ」と言われたら、皆さんはどんなふうに思いますか。

「そりゃそうだ」「当たり前だよね」という反応が大半を占めると思います。

でも、「絶対に死んだ」ということが証明できないパターンもあります。

ここではわかりやすく説明するために、極端な例を挙げてみたいと思います。

たとえば日本には、100歳を超えているけれど、その姿が久しく目撃されていない、という方が何人もいます。

つまり、どうやらお亡くなりになっているような予感がするのだけれど、遺体も見つかっていないし、その家族も「絶対に死んでいない」と主張していて、年金が支払い続けられているというケースです。

ギネス記録の世界最高長寿は今のところ122歳なので、客観的に考えるとお亡くなりになっている可能性がかなり高いです。なので、実際にはお亡くなりになっているのかもしれないですが、遺体が見つからない以上、その方が「死んだ」ということを証明するのは、ほぼ不可能。

「死んだことが証明できない＝死んでいるかもしれないし、死んでいないかもしれな

い」ということです。

実は現実にもありまして、凄惨《せいさん》な現場に向かうレスキューの方も、事故現場に行ってどう考えてもお亡くなりになっている状況だったとしても、決められた条件に該当していない場合は「死んでいないかもしれないじゃん！」ということで、死亡と判断してはいけないという決まりがあります。

そんなルールがあるくらいなのですから、もしかしたら、「過去には死んだと思っていたけど、実は生きていた」なんていうことがあったのかもしれません。

それくらい、**「絶対に○○だ」「絶対に○○ない」ということを証明するのは非常に難しいことなのです。**

正しいことでも叩かれる

その昔、中世のイタリアにガリレオ・ガリレイという学者さんがいました。

彼は「地球は回っている」という事実を述べたのですが、当時は「神がつくった地球が回るわけない！　とんでもない冒瀆《ぼうとく》だ」と叩かれて、宗教裁判で有罪になりました。

当時の常識では、「地球は回らない」と思い込んでいる人が圧倒的多数派だったので、正しいことを言ったガリレオさんは叩かれたのですね。

現代においても似たような光景が見られます。

当たり前ですが、**正しい知識をもっている専門家と、何も知らない素人《しろうと》のどちらが多いかというと、素人のほうが圧倒的に多いわけです。**

専門家が正しい見解を述べたところで、「それは違う」と考える素人の数が多ければ、専門家は叩かれます。**しかも、素人集団はだいたい判断を間違えます。**

政治でも同じです。

民主主義では、国民が支持をする人が政治を動かすわけですが、多くの国民が本当は正しくないことなのに「正しい」と言っていると、政治家は支持（＝票）欲しさに正しくないことだとわかっていても、それを推し進めたりします。

逆に、本当のことを言っていても、それが多くの人に支持されないと、政治家になるどころか叩かれたりもします。まさにガリレオと同じですね。

このように、**いつの時代であっても「正しいことを言っている人を叩く素人が数で圧倒する」という構図は生まれがちなのです。**

「叩かれる／叩かれない」ということと、「正しい／正しくない」ということはまったく相関性がないので、叩かれたからといって、気にする必要はありません。

大事なのは、事実にもとづく正しい話ができるかどうかなのですから。

第5章

人を動かす

論破しない

ご存知のとおり、最近メディアで僕は「論破王」などと呼ばれもち上げられています。

でも、もち上げられているというか、ネタにされ茶化されている場面のほうが多いような気もします。

そもそも論ですが、**僕が「論破」という言葉を使うことはないです。**

誰かと話しているときに「はい、論破！」みたいなことを言った試しも、実は一度もありません。

勘違いされている人もいると思いますが、僕がやっていることはプレゼンと説得なのですね。

世の中の人は他人を叩くことが好きなのか、論破という言葉が好きなのか、それをやろうとします。

でも、**意気揚々と論破という行為をすることは、二流の人のやることだと思うのです。**

たとえば、他人を自分の思惑どおりに動かしたいとき、いくつかの手段が考えられます。

お金をちらつかせるとか、暴力を振るうとか、ハニートラップを仕掛けるなど、いろいろなやり方がありますが、いちばんリスクが少なく手間もかからないのが「説得する」という方法だと思います。

ただ、**どんなに正しい、論理的な主張をしていたとしても、相手の逃げ道を全部つぶしてぐうの音《ね》も出ないほどまでに言い負かしてしまうというのは、得策ではありません。**

相手を論破したところで、「マウントがとれて、ほんの一瞬だけ自分の承認欲求が満たされる」程度のことしか起きない。

嫌われたり恨まれたりしますし、結果的に「相手を思惑どおりに動かす」ことなんて到底できないと思うのです。

論破しないほうがうまくいく

本当に人を動かしたいのであれば、「論破しよう」なんて考えないほうがいいです。

そもそも「ひろゆき＝論破王」のイメージが定着してしまったのは、『論破力』（朝日新聞出版）という本が出ていることも関係していると思います。

ただ、あのタイトルは僕がつけたわけではなく、編集者さんが勝手に考えてつけたものです。

「タイトルに文句を言わなかったの⁉」とつっこまれてしまいそうですが、出版社は1冊でも多くの本を多く売りたいわけで、そのノウハウは僕よりも出版社にある。だから、そういう人がタイトルをつけたほうがいいのですね。

そして、この本を読んでいただければわかることなのですが、**「論破しろ」なんて**

一言も書いていないのです……。

それどころか「論破しないほうがいいですよ」とアドバイスしている内容になっているると思うのですね。

僕のことをある程度わかっている人や、本を読んでくれた人は、「論破できるスキルがあることと、実際に相手を論破してしまうことは、まったく別の話だよね」「論破できるスキルがあっても、それを使わないほうが頭いいよね」というのを理解してくれていると思います。

僕にとっての議論の目的は、当たり前ですけれど、相手を打ち負かそうとかいうことではありません。

僕の知識量なんてたかが知れていますから、「相手が自分の知らない情報をもっているんじゃないか」という期待があるので、相手に「それってどういうことなの？」「こういうこと？」という質問を繰り返しているだけのこと。

たとえば、話し合いをするなかで、僕とは違う考えをもっている人に対して「こういう理由から、それは違うんじゃないでしょうか？」と突っ込んで聞いた場合、相手が「いや、これはこうだからこうなるんだよ」と説明してくれたら、「あ、なるほど！そういうことなのね」というふうに、ただ納得して話が終わります。

要するに、僕にしてみれば「新しい知識を得られたらいいなあ」という好奇心から議論をするのであって、相手を論破したいから議論をしているのではない。当たり前ですけど。

ただ、相手の「こうなんだよ」という説明が腑《ふ》に落ちなくて、「僕のこの質問に対して、その答えはちょっと変じゃないですか？」とさらに掘り下げて聞いてみると、相手が答えに詰まったり、矛盾したことを言い出したりすることもある。

きちんとした考えをもっている相手であれば、僕ごときの素人があれこれ質問したところで、難なく説明できるはずなんですけど、そこで「答えられない」というのは、その人の論理が成立していないということが露呈しているだけ。

結果として、論破しているように見えてしまうことがあるのです。

僕は論破を芸にしている芸人さんではなく、あくまでも好奇心旺盛なオジサンとして質問をしているだけなのですね。

議論に大した意味はない

そもそも僕は、議論するときに結論を出さなくちゃいけないとは思っていません。議論を重ねて「何が正しいか」ということを明らかにしたいのであれば、リサーチをして事実を集め、論文を書いたほうがずっと有益です。

人が集まって意見を述べあうことに、何か意義があるでしょうか。

たとえばですが、「焼きそばにはソースと塩、どっちが合うか」というお題でも議論は成立しますよね。

塩には塩のこういう良さがあるとか、こういう具には絶対ソースだとか、人によっていろいろな意見が出てくると思うのですが、そこに「正しい答えがある」という前提で考えること自体が間違っている気がします。

「ひろゆきは議論をひっくり返す」「論点を変える」と怒られることもよくあるのですが、**「ソースと塩、どっちがおいしい？」という議論のなかで、僕は「いや、そも**

そも焼きそばなんか食うなよ！」というようなことを平気で言っちゃうタイプ。

誰が何を言おうが、正解でも不正解でもないですよね。焼きそばの例はちょっと極端かもしれないですけど、議論なんてその程度のことじゃないかと思っているのです。

弁護士、論破せず

弁護士さんというと、法廷で検察側や相手方代理人と意見を戦わせて、次々に相手を論破していく、みたいなイメージをもたれがちだと思います。ドラマや漫画の影響が大きいと思うのですが、**実際には、弁護士さんは論破なんてほぼしません。**

クライアントの主張に沿って書類を準備して、そこから先、裁判になれば訴状を書いて話し合いの場を法廷にもっていくのですが、クライアントの利益を可能な限り最大化するための主張をするのであって、別に相手を打ち負かしたいから論陣を張るわけではありません。

もし、相手を論破することだと思っていたら、裁判モノのテレビドラマとか漫画とかを見すぎだと思ってしまうくらいです。

では何をしているのかというと、要は「こちら側と相手側との落としどころはどこかな」という部分を探り合っているだけなのです。

また、弁護士さんにしても、クライアントの主張について必ずしも同調しているわけでもないし、そもそも感情的になることはよしとされていないので、熱弁を振るって論破！　みたいなことはほとんどありません。

お互いに証拠を出し合って「これ違いますね」「では撤回します」というような調子で、ビジネスライクに淡々としたやりとりが続くことが多いんですね。

相手を説得して、双方が納得のうえで争いを終わらせるというのは、当然ながら、論破しているだけでは無理な話です。

弁護士さんに限らず、**うまいこと着地点を見つけて和解にもち込める人というのは、優秀な人なんじゃないかなと思います。**

宗教家こそ最強の論破王

この章の冒頭で、「論破王」という肩書きが「ひろゆきの代名詞」的に使われている実情について触れました。

みなさんが「論破」と呼ぶ僕の行動を、僕は論破だと思っていないですし、実際には説明や疑問を投げかけているだけのことだというのは前述したとおりです。

当然ながら、**自分のことを論破王などとは微塵《みじん》も思っていません**。加えて、それだけのことなら、僕なんかよりも上手にやっている人たちがそこらじゅうにゴロゴロといます。

たとえば、宗教家の人たちは、それに該当するんじゃないかと思います。

一般的に、何かものを売るときには、お代をいただく代わりに商品を対価として渡しますよね。

たとえば、「3日で痩せますよ！」とか、「マイナス20歳肌をキープ！」みたいな、どう考えても怪しい広告であっても、代金の対価としてサプリメントのような商品が用意されているものです。

ところが、**宗教に関しては対価としての商品すらありません**。

お賽銭とかお祓《はら》いとか、「神様にお願いすれば叶うかもしれない」「災難から守ってもらえるかもしれない」と言って、何千円、何万円、場合によっては何百万円というお金を巻き上げているわけです。

そもそも、神様は目に見えないので、「存在する」ことを証明するのが難しいのですが、それと同様に、「存在しない」ことを証明するのもまた難しい。

第4章で「絶対に〇〇ない」という事実を証明するのは難しいという話をしましたが、神様がいないという証明も同じです。

いることも証明できないけど、いないことの証明もできない。

ですから、**そこで求められるのは宗教家の人たちの力量ですよね**。

「神様は存在します」ということがごく自然に受け入れられている現状があるわけだから、説得する能力がずば抜けています。

ここまで説得だとか議論だとか論破みたいな話をしてきましたが、そうやって考えると、いちばん優秀なのは、宗教家の人たちなのではないかと思ってしまうのですよ……。

ずるい説得の技術

相手を理屈で追い詰めて叩きのめすような「論破」は二流の人の所業だと書きましたが、それでは、一流の説得とはどんなものでしょうか。

手で触れることもできず、目で見ることもできないものに対して、喜んでお金を出してくれる。**そんなふうに人を動かすことのできる宗教家の人たちは、本当の意味での論破王なのではないかという気がします。**

「お坊さんに説き伏せられた」

「反論の余地がまったくないほどに論破されてしまったので、不本意ながらお金を払うしかない」

そんなふうに考えてお布施《ふせ》を渡す人なんていませんよね。

喜捨《きしゃ》であるとか、災いから守ってもらえるとか、心の平和のためとか、理由はさまざまですが、自発的にお金を渡してもらえて、しかも感謝までされるわけです。

これこそが一流の説得ではないでしょうか。

一流の説得方法とは

ここでもう一度、「なんのために説得するのか」という原点に立ち返りましょう。

「相手の考えは間違っていて、こちらの考えが正しい」と認めさせることは、本来の目的ではありませんよね。

要は、**相手に対して自分が「こうしてほしいなあ」と望んでいることが、結果的に叶えばいいわけです。**

つまり、本人に「自分の意思は、誰かにコントロールされている」と気づかれないように誘導しつつその人を動かす、というのが一枚上手《うわて》のやり方なんですね。

そもそも、論破なりをすることで「他人の考えは変えられるものだ」という考え方そのものが、僕は間違っていると思います。

たとえば僕が、「お前の考えは正しくない。考えを変えられないのはお前が悪い」と誰かに言ったとします。

この暴論が本当に正しいのであれば、僕自身の考えも他人によって変えられてしかるべきということになります。つまり、他人から「間違っている!」と指摘されたら、自分自身が考えを変えることも、喜んで許容しなくてはいけないということになります。

でも、「あいつの考えは間違っているから正してやろう」などと思っている人に限って、自分の考えを変える気はさらさらなかったりするのですね。

自分の考えも変えられないような人が他人を説得できるかというと、かなり難しいと思います。

やはり、「考えを変えさせてやる」というような無駄なアプローチは避けて、「本人が自分でそう思い込んだ」という状況へとうまく誘導するのが賢いやり方。

誰かにアドバイスするときにも同じことが言えると思います。

良かれと思って伝えたことでも、本人に受け入れてもらえなければ意味がありません。

「こうあるべきだよね」みたいなことを言ったとしても、「なんだか説教くさいオヤジだな」と引かれてしまうこともあり、相手に聞く耳をもってもらうのはなかなかハードルの高いことです。

よく「背中を見せる」と言いますが、**口で伝えるだけでなく行動で示す、というのもひとつの方法なのだと思います。**

内発的に「こうなりたいな」と相手に思わせるかたちで伝えるということですよね。

論理とアメとムチ

論破で相手をやり込めようとすることがいかに不毛か、という点については理解してもらえたと思います。

では、具体的にどんな方法で相手を説得できるのでしょうか。

ここでは、「論理」と「アメとムチ」について紹介します。

まず、論理です。

「1＋1＝2」ですよ、というのを理屈として説明されたとき、ほとんどの人が「なるほど」と思います。

論理的に正しいことだな、と納得して受け入れてもらうパターンです。

たとえば、「あらゆるワクチンは有害だから、子供にも絶対に打たせちゃダメ」と主張する親戚のおばさんがいたとして、「うちのおばさんがそう言っているんだから、ワクチンは危ないよ！」と説明したところで、誰も納得してくれないですよね。

相手に「なるほど」と思わせるためには判断材料が必要です。

たとえば、**いろいろな議論があるなかで「この説が正しい」という材料として使いたいなら、少なくとも論文があるかどうかくらいは調べる。**

もし論文があったとしたら、それが学会でどのような評価を受けているか、というあたりまで調べておけば、「こういう科学的データにもとづいてこういう論が展開されていて、この分野で一定の評価が得られている説なのね」ということで説得力は増します。

医師という肩書きがついていても、まともに論文も書かずにおかしなことを言っちゃう人はたくさんいます。

肩書きだとか権威だとか知名度というものは、（ダマされる人はいるかもしれませんが）論理的に正しいことの裏づけにはならないので注意しましょう。

アメ＝メリットで動かす

先ほどお伝えしたとおり、「論理」に加えて、「アメとムチ」というものがあります。**「これをやると、こんなにいいことがあるよ」というアメと、「お前、これをやらないと、マジで困ることになるぞ」っていう脅し（＝ムチ）ですね。**相手の損得勘定を刺激する、というふうに言い換えてもいいかもしれません。

これを効果的に使いましょう。

初めに、「アメ」について。

僕が、「東京ディズニーランドにどうしても行きたい！」と思ったとしましょう。

でも、自分では1円もお金を出したくないから、お金をもっている友達に連れていってもらおうと考えた。

そこで、この思惑を実現させるために、「僕がなぜディズニーランドに行きたいか」という理由を熱く語って論破したところで、それは二流のやり方なんですね。

一流のやり方というのは、友達自身に「ディズニーランドに、誰かと一緒に行きたい！」と思わせること。

そのためにアメをぶら下げます。

たとえば、「今、ディズニーランドでしか買えない期間限定のグッズが売られているらしい。それを買ってヤフオクで売れば、これだけのプレミアがつくんだって。だけど、ひとり1個しか買えないから、大人数で行ってたくさん買うとかなり儲かるよね」と伝えるわけです。

ここでターゲットにしている友達は、お金に目がない人なので、間違いなく色めき立って「じゃあ、ディズニーランドに行って大儲けしてやるぜ！」となり、周囲の人たちに「一緒に行かない？」と誘いまくるはず。

でも、彼にはディズニーランドに一緒に行くような友達がひとりもいないので、けっきょく僕に声をかけるしかなくなるのです。

「入場料払ってやるから、一緒に行かない？」

「まあ、別に行ってやってもいいけど」

こんな感じで、ディズニーランドに行きたくてたまらなくなった友達が僕を誘うという構図になり、うまいこと説得したわけでもないのに、結果的に彼を動かすことができました、ということになります。

ムチ＝デメリットで動かす

対する「ムチ」では、自分の主張をのまないとこれだけ損をしますよ、こんなにひどいことになりますよ、という説得材料を突きつける。

ただ、ディズニーランドの例と同じで、**本人には「自分がこれをやるのは、自分がそうしたいと思ったからだ」と思い込ませるのが一流のやり方です。**

チャールズ・ディケンズという人が書いた『クリスマス・キャロル』という小説があります。有名なお話なので、知っている人も多いでしょう。

金の亡者《もうじゃ》みたいなドケチで自分勝手なスクルージというオジサンが、3人の精霊に「過去」「現在」「未来」へと連れまわされた挙句、心を揺さぶられて改心する話なのですが、精霊たちはスクルージに対して「お前のこういう行いはよくない」などと説教めいたことはいっさい言わないのですね。

ただ、スクルージの残念な過去や、直視したくない現実、やがて訪れるであろう人生の末路を「情景」として見せるだけ。

「今のままだとヤバい」「未来は今の自分が変えられるんだ」というメッセージを間接的に受けとったスクルージは、自ら行動を変えるわけです。

3人の精霊たちは、超一流の説得テクニックを駆使していたと言えると思います。

言葉以外で伝える方法もある

少し前のところで「背中を見せる」、つまり行動を見せることもアドバイスになりうるという話をしました。『クリスマス・キャロル』の例も同様ですが、**説得において、言葉は必ずしも必要ではないのですね。**

要は、自分が求めている方向へと相手を動かせればいいだけなので、一定の状況をつくってそこへ誘導するという手もあります。

たとえば、**僕は会社で嘘をつく人がいたら、めちゃくちゃ詰めます。**

初めて詰められた人は相当驚くと思いますけど、社内の人たちは、嘘がバレたときに僕がどうやって詰めるのかを知っているので、「ひろゆきに嘘をついたらマジでヤバい」ということが浸透しています。

ちなみに、どうしてそんなに厳しい態度をとるのか。

それは、嘘をつく人が混ざっていると、「誰のどの情報が正しいのか」ということがわからなくなって、すごく面倒なことになるからです。

「今年の流行色はピンクです」という報告を受けて、ピンク色でウェブサイトをつくったとします。それなのに、あとから「実は適当についた嘘でした！」などという事実が発覚したら困りますよね。

嘘をつくくらいだったら「今年の流行色は？」と聞かれても「そんなの知りません」と言ってくれたほうがずっといい。

わからないことは調べればいいだけなのですが、嘘をつかれるといろいろなことが非常にややこしくなるのですね。

そんなわけで、**僕は「会社って嘘をついちゃいけない場所だよね」というのを暗黙のルールとして浸透させているわけです。**

「嘘をつかないほうがいいですよ」といちいち口に出して言うことはないけど、嘘がバレるとめちゃくちゃ面倒くさいオジサンがいるということを周知させることで、結果的には嘘をつかない風土がわりと定着しているように感じるのです。

交渉のテクニックを身につける

けっこう混同している人が多いのですが、**「お願い」と「交渉」はまったく違います。**

「給与を上げてください。お願いします」というのは単なるお願いですが、「給与を上げてもらえないのであれば、もう会社を辞めますよ」とか「ギャラを上げてもらえないのであれば、この案件からは手を引きますよ」というのは交渉です。

交渉というのは、こちらが希望する条件を相手にのんでもらうために、相手にとってのメリットやデメリットを並べつつ、お互いの着地点を見つけるものなので、前項の「説得」と方法論としては同じです。

相手の善意にすがるような情緒的な「お願い」とは違って、**「交渉」はお互いに条件を出しあって、なんとか納得できそうなところで折り合いをつけるという合理的な作業なのです。**

給料アップの交渉術

たとえば、給料アップの交渉をする場合。

「少し上げていただけませんか」と頭を下げてお願いするのではなく、「僕の提案に乗ると、あなたはこんなに得をしますよ」というメリットを提示します。

あるいは、「僕の提案に乗らない場合は、あなたはこれぐらい損しますよ」というデメリットを提示する。

メリットにしてもデメリットにしても、相手を納得させるだけの材料を用意する必要がありますよね。

たとえば、「給料を上げてくれないのなら、会社を辞めます」。それから「僕が会社を辞めたら現場が回らなくなって、月の売り上げが80万円以上減りますよね」というデメリットを提示します。

さらに、「だったら、僕の月給を10万円上げたところで、会社としてはまだ黒字を確保できるじゃないですか」という説得材料に加え、「昇給してくれるなら、残業代は請求しないことにします」など、雇う側にとってのメリットをぶら下げてもいいでしょう。

最終的に、**相手に「そっちのほうが得かも」と思わせることができたら、しめたものです。**

ほかの章でコミュニケーションの基本としてお話ししたように、**「自分はこう思う」**

「自分はこれが欲しい」という自分軸にばかり固執していると、相手とのキャッチボールがうまくできずに空回りします。

「相手はどう思うのか」「相手は何が欲しいのか」という相手軸もきちんと意識して話せるようになると、交渉も上達するのではないかと思います。

ブラックバイトを辞めるには？

余談になりますが、ユーチューブの生配信では「ブラックバイトを辞めたいのに、なかなか辞めさせてもらえない」というような悩みが寄せられることもあります。

その際に僕がアドバイスしたのは、試しに「時給を500円アップしてください」「上げてくれないなら辞めます」と強気の交渉をしてみるといいと思います、というもの。

雇う側が「え、辞められたら困る！　じゃあ、500円アップで」と言ってくれたら、もうそれほどブラックじゃない条件になってくるのかなと思いますし、逆に「それは無理なんで、さよなら」と言われたら、すっきりと辞められます。

ここでも、ただ「お願い」をするのではなく、「交渉材料をあげるので、AかB、どちらか選んでください」というふうに相手に選ばせるかたちにもち込めばいいと思うのですね。

ちなみに、バイトを辞めるというのは「許可をもらうこと」ではなく、雇用主に「通知すること」でして、労働基準法に従えば「辞めます」と伝えてから1カ月後には辞められますので、そもそも1ミリも悩む必要のないことだったりします。

交渉下手な日本人のルーツ

日本人は交渉がめちゃくちゃ下手な人が多いなぁという気がします。

「あなたがこれをしてくれたら、私はこれができますよ」という条件のすり合わせ（＝交渉）ではなくて、「私の希望をなんとか受け入れてください！」というお願いにしかなっていないパターンというのがすごく多い。

「なんでだろう?」と考えたときにふと思い出したのが、江戸時代の百姓一揆。

あれって、みんなで団結して「年貢(=税金)を下げてください」というのをお殿様やその土地の偉い人にお願いするというやり方ですよね。

で、お殿様がたまたま心の広い人だったりすると、年貢を軽くしてもらえるのですが、声を上げた農民は殺されたりします。「農民の分際で殿様に直訴《じきそ》するなんてけしからん」ということで、重罪に問われたのですね。

要は、**ほとんどが「命をかけたお願い」であって、まともな交渉にはなっていなかった。**

外国の場合だと、たとえば「税金を下げないと殺すぞ」というふうに脅すとか、たとえば僕が武田家の領地の農民だったとして、「年貢を下げてくれないなら、もう村ごと、お隣の領主の上杉家のお世話になるぞ」。それで「文句があるなら、上杉家の偉い人を連れてくるぞ」というような脅しを交えた交渉ができていたっぽいです。

ちなみに、戦国時代くらいまでは、日本でも農民の流動性みたいなものがわりとあったようなのですが、江戸時代以降、それが少なくなってしまった。

つまり、お願いと交渉をごっちゃにしてしまうということが、どうも江戸時代のころに生じて、そのまま日本の文化として残り続けてしまったようなのです。

相手は誰なのか意識する

さて、説得にしても交渉にしても、「結果としてこうなったらいいな」という目的のためのアクションなわけです。

仮に目的が同じだったとしても、「誰を動かしたいのか」、つまり働きかける相手が違うのであれば、働きかける方法も必然的に変えなくてはいけませんよね。

第4章でも話しましたが、**正しい説明ができることと、伝えようとしている相手にちゃんと理解してもらえるかどうか、イエスと言ってもらえるかどうかは、まったく別次元の話です。**

相手に応じて的確なアプローチの方法を選ぶことが重要なのですね。

ロジックでは説得できないこともある

人が動く理由や根拠というのは、「その人がどういう人であるか」「どういう状況に置かれているか」などによってケースバイケースです。

繰り返しお伝えしているとおり、**事実として正しい説明ができたり、論理的であったりしても、必ず相手を動かせるわけではありません。**

人が動く要素として、「事実として正しいかどうか」ということのほかに、「正しそうに聞こえるかどうか」、そして「権力者には従う」というものも挙げられます。

順当に考えれば、事実として正しいことに納得して動く、というのが人間の行動としてはスタンダードであるような感じがしますが、リアルな社会においては、案外そんなこともありません。

「事実として正しいかどうか」よりも、「正しそうに聞こえるかどうか」というフワッとした感じに乗っかってしまう人はとても多いのです。

たとえば、ウクライナ情勢について、人気ユーチューバーがちょっとググって調べたような情報をもとに「3分でわかる！」みたいな動画を上げているとします。

別のところで、ちゃんとした専門家の人が、データや論文などを引用して事実にもとづいた論理的な説明をしていたとしても、世間一般の人が、「わかりやすい！」と飛びつきがちなのは、ユーチューバーによる暴論のほうだったりする。

つまり、**「正しいっぽいこと」を言っていれば納得してくれるような人を相手にする場合、「正しいこと」を言う必要はないということです。**

「正しいこと」でしか動かせない相手は、間違ったことを言ったら乗ってくれないわけですから、コントロールするのが難しいですが、その一方で、「正しいっぽいこと」で動く人は、正しいことでも動くし、正しいっぽいだけでも動くわけだから、説得する側としてはすごくラクですよね。

このあたりに気づいているだけで、ほかの人より一歩リードできて得をします。

また、「権力者に従う」というのは、たとえば学校や会社組織などで、先生や社長が「これはこうだ」と言うと、「内容の正しさはさておき、頷《うなず》いておけ」という、権力に対する空気感みたいなものがありますよね。

そこでは論理的であるかどうかは重要ではなく、「役員の○○さんがOKって言っていました」とかいう背景があると、ほぼ無問題で案が通る、というようなことがあります。

実際に正しいかどうかはさておき、「偉い人が言っていることが正しい」という構図です。

そんな感じで、理屈の正しさ以外のことで決まっていく局面のほうが、世の中には多いんじゃないかと思います。

キーパーソンに向けて喋る

ディベートというものがあります。

あんまりピンとこない人もいるかもしれないですが、お題を決めて意見を戦わせ、最後に勝敗を決める討論会のことです。

論理的に話すスキルだけでなくスピーチ力も磨けるということで、欧米の小学校や中学校では、ゲーム感覚で実践されていることも多いみたいです。

で、そのディベートというのは基本的にはジャッジ（審査員）がいて、決められた評価基準に沿って、その人が勝敗を決めます。

すごくピンポイントな例で恐縮なのですが、たとえば「地方創生のために市町村ができることは何か」というテーマでディベートが開催されるとして、ここで勝つには何をしたらいいか。

またもやユーチューブの生配信で寄せられた相談内容だったりするのですが、**対する僕の答えは「市町村長が審査員なので、その人たちが選挙に出るときに挙げた公約をそのまま喋ってください」でした。**

当たり前ですが、「ディベートに勝つ」という目的を果たすためには、勝敗をジャッジする審査員がいちばんのキーパーソンですよね。

つまり僕は、**審査員に忖度《そんたく》することをおすすめしたわけです。**

政治家が選挙に出るときというのは、「子育てしやすい社会を実現」とか「高齢者福祉の充実」とか「働く人の給与をアップ」とか、何かしらきれいごとを言っているはずなのですね。

そういったきれいごとを、ディベートの場でそのまま「地方創生のアイディア」として提案したところで、審査員は「そんなの絵に描いた餅だよ、実現不可能だよ」なんて言えるはずがありません。だって自分が掲げている公約なのですから。

確実にいい点数をつけてくれるはずです。

あまりよろしくないことなのですが、現実のディベートでの勝ち負けというのは、多くの場合、「審査員の好き嫌い」で決まりがちです。

ちゃんとしたディベートであれば、ある程度、論理的な思考能力のある人が審査員を務めていて、たとえば、発言者の主張の根拠となっているデータは主観的なものなのか客観的なものなのか、100人にアンケートを取ったというならば、年齢や性別の偏《かたよ》りはあるのか否かといったことをちゃんと精査します。

本来であれば論文と同じように、「どうやって事実を確定させるべきか」という思考のプロセスと根拠をきちんと見て、それに準じた評価ポイントに沿ってジャッジをしますが、正直、そこまでの能力がある審査員なんてほとんどいません。

その結果、市町村長のような、どこかのオジサンが審査するようなものというのは、審査員の好き嫌いでなんとなく決まってしまう。なので、**そのオジサンの好き嫌いに焦点を合わせることが、ディベート勝利への近道だということなのですね。**

ここでも、相手が誰であるのかを意識して、その人に対する「攻略」を行うことの大切さについて理解してもらえたかと思います。

お得に交渉を進めるテクニック

これはビジネスの場でも同じです。

実はその昔、大金持ちの人に出資をしてもらって一緒に仕事をしたら面白そう、ということで、事業を興してみようという話になりました。

その大金持ちは、女の人がわりと好きなタイプだったので、「グラビアの写真を集めたり撮ったりしてサブスクリプションで売ろう」という計画にしました。

やりたい事業ありきで会社を興すのではない、本末転倒な感じではありますが、結果として、**その提案は案の定、大金持ちからの賛同を得ました。**

次に問題になるのが出資金をいくら出してもらうか。

投資をしたことのある人には理解してもらえると思いますが、株式会社は株数をいちばん多くもっている人の意見が強いです。つまり、51パーセントの株式があれば筆頭株主として絶対的に意見を通すことができる。

その大金持ちも、筆頭株主になりたいと思うはず……。そう考えたのですね。

そこで、僕はその人にこう言いました。

「立ち上げるにあたって、株は過半数、欲しいですよね？」

当然、答えはイエス。そして、僕はこう続けました。

「わかりました、それなら510万円でお願いします」

もちろん、即答でイエスでした。

もし、株の話をせず、最初から「出資なんですけど、510万円でお願いします」と金額から入っていたら、なんでその金額なのか理由を聞かれるし、細かい説明やらなんやらで相手に考えるスキを与えることになります。

でも、この大金持ちは「株式51パーセントで510万円」と伝えれば、資本金は1000万円で筆頭株主であると瞬時に理解できる人だとわかっていた。だから、**あえて株の話から入ったのですね**。

こうやって交渉相手がどんな人なのかを事前に理解しておくと、かなりお得に交渉を進められたりするのです。

無敵の感情論

相手の人に理解する気がまったくないという場合、こちらがどんなに丁寧に筋道立てて説明したところで、首を縦に振ってくれません。

一対一で対話を続けたところで時間の無駄なので、作戦を変更しましょう。

そういう場合には、**第三者の人たちを利用します**。

結果的に、周囲の人たちに「あれっ。ここまで言われても納得しないって、この人、おかしくない?」と思わせる状況をつくればいい。

つまり、理解する気のない相手に向かって丁寧に説明しているように見せかけて、実は周囲に向かって「この人、おかしいよね」ということをアピールするんですね。

それで、見ていた人たちが「いやいや、さすがにそれを否定しちゃ駄目でしょ」と言ってくれるのを待ちます。

また、**感情論にもち込まれると、「論破」みたいなことは不可能になります**。

どうしても勝てない相手には、感情論をもち込むのもアリです。

僕は、親しい人との口喧嘩で勝とうとはまったく思いません。

口喧嘩なんかで勝たなくても、その人とうまくいっているならそれでいいやと考えています。

ただ、いつも相手に言い負かされてしまって、そのくやしさを我慢し続けていて、すごくストレスがたまってしまう……というような場合には、感情論にもち込むといいと思います。

「あなたの言っていることはよくわかりました。あなたが正しいです。でも、イヤです！」と言って、「イヤなんだ、という私の感情は変えられません」というアピールをする。

「なぜなら、イヤだから！」と言っている人に対して、打てる手はほとんどないんですね。

論理的な主張は論理的に説得することができるのですが、**感情的な主張となると論理的に説得するのはもはや不可能。**

ある意味、無敵です。

「話せばわかる」の嘘

この章の初めのほうで、「議論に大した意味はない」という話をしました。

「話せば理解しあえる」みたいなことを言うのって、基本的には物事をあんまり知ら

ない人なんじゃないかと思います。

「自分はこういうふうに感じているから」と相手が言うのであれば、「へー、そうなんだ」の一言で済む。ただそれだけの話だと思います。

議論して正しさを見いだそうというのは、かなりズレています。

たとえば、世の中にはキリスト教徒の人やイスラム教徒の人がいますが、彼らに「神様っていないんじゃないかと思うんだけど。なぜなら……」と説得しようとする試みに何か意味はあるでしょうか。

個人的には、世界中でこれだけひどいことが起き続けているんだから、「神様なんていないでしょ」という気がするし、仮にもし神様がいたとしても、めちゃくちゃ酷《こく》なヤツだから信じるのやめようよって思ったりもするのですが、それはさておき……。いろいろな宗教を信じている人がいたところで、僕は「それは違うんじゃないか」と議論しようなどとは考えません。「そう思ってらっしゃるんですね、ふーん」と思うだけです。

イスラム教徒とキリスト教徒がどんなに時間をかけて話し合いをしたところで、

「どちらが正しいか」という答えなんて出るはずがない。科学的な事実にもとづいて実証するとかいうことが不可能な領域ですし、宗教論争に終わりがないことについては、人類が2000年以上かけて学習しています。

だから「あなたはそう思われるんですね。そうなんですね、はーい」と返事をして、それで終わりでいいんじゃないかと思います。

ちなみに、無神論者って、世界人口の8パーセントくらいしかいないんじゃないかと言われているみたいですけど……。

話し合いが成り立たないケース

頭が悪い人と、話し合いをすることも難しいです。というよりも、意味のない営みになります。

あるとき、SNSで「ひろゆきを論破します！」みたいな動画をアップしている人がいたんですね。

頭が悪い人というのは、自分の頭が悪いということに気づいていないので、余計に頭が悪くなるという状況があるのですが、この動画はまさに「頭が悪い人は、自分の頭の悪さに気づいてない」というお手本みたいな内容だったので、僕としてはちょっと興味をもってしまいました。

というのも、たとえば動画では「市場に出回りすぎたお金を回収するために、政府は税金を徴収するんですよ」というような間違った説明がなされていて、とにかくつっこみどころが満載なわけです。

小学校の社会科の教科書をちゃんと読んだことがある人であれば間違えようのないことのはずなのですが、ご本人としては大真面目に語っている。

「天然ってこういう人のことをいうのか。すげーな！」と感心しました。

しかも、コメント欄を見ても、動画の間違いについて指摘している人がいなくて、「えっ、コメント欄の人たちも、みんな小学校に行ってなかったのかな？」と思ってしまう一件だったりしました。

話が長くなりましたが、**そういう相手とはまともな話し合いが成り立たないことが**

多いんですね。

こちらが「1＋1＝2ですね」という事実を言ったところで、相手は「1＋1＝3です」と言い続けるから、僕としては「3というのは間違っていますね」と言うしかなくなるのですが、頭の悪い人はそこで「1＋1＝3です」という自分の「気持ち」をわかってもらえないから、ひろゆきには話が通じない！　みたいなことを言い出してしまったりするのです。

だから、**論理的な対話が成立しない相手には「あなたが間違っています」という一言で済ませるしかないのですよ。**

おわりに

「コミュ力がない」。

この表現について誤解している人は、少なくないと思います。

「はじめに」でも書きましたが、そもそもコミュニケーションというのは、相手がいないと成り立たないもの。自分ひとりだけで完結することはありません。

なので、たとえ「コミュ力がない」なんて指摘されたとしても、必ずしもこちら側に落ち度がない場合も多々あるのですね。

相手の伝え方に難があってかみ合っていないだけ、というケースも多い。

たとえばですが、「そこのアレ、取ってくれる?」みたいなすごくフワッとしたことを言われ、それが理解できなかったところで、「気が利かない」「空気が読めない」なんて理不尽に詰められる筋合いはないですよね。

そもそも、そういうことを言っちゃう人の精神構造って、「（自分の頭のなかにある）意図を悟ってほしい！」という、甘えたがりの子供とほとんど変わらない気がするのですが……。

ただ、意識しておいてほしいのは「伝達能力の低い人」が、自分の能力の低さを他人の問題だと思い込み、「あいつはコミュ力がない」みたいな感じで、他責的にふるまうケースというのが実際にあるということ。

これは誰もが陥ってしまう可能性のあることなんですね。

なので、そうならないように、相手に何かを伝えるときにはちょっとだけ気をつけて話をしてみるといいと思うのです。

この本は、そんな伝達のコツみたいなものを、僕なりにまとめたものです。

コミュニケーションに関して深く考えすぎている人たちにとっての処方箋《しょほうせん》的な役割を担ってくれたらいいな……と思っています。

ひろゆき

宝島
SUGOI
文庫

論破王ひろゆきのがんばらないコミュ術
(ろんぱおうひろゆきのがんばらないこみゅじゅつ)

2024年1月25日　第1刷発行

著　者　ひろゆき
発行人　蓮見清一
発行所　株式会社 宝島社
〒102-8388　東京都千代田区一番町25番地
電話：営業 03(3234)4621／編集 03(3239)0927
https://tkj.jp
印刷・製本　株式会社広済堂ネクスト

First published 2022 by Takarajimasha, Inc.
ISBN 978-4-299-05103-5